Markus Schirner

W0315160

Talismane und Amulette

Schirner Taschenbuch

Markus Schirner, Jahrgang 1957, beschäftigt sich seit über zwanzig Jahren intensiv mit grenzwissenschaftlichen Themen, Alternativkonzepten zu herrschenden Paradigmen und der Wiederbelebung vergessener Traditionen. Neben seinem Verlag, dessen Programm er nach diesen Eckpunkten mitgestaltet, und seiner Buchhandlung, in der diesen Themen weitere Bereiche eingeräumt sind, hält er Pendel- und Tarotkurse, in denen die Schüler aus seinem reichen Erfahrungsschatz schöpfen können. Seit 1993 ist er zudem Lehrer für Kinesiologie und Touch for Health.

Dieses Buch ist ein Führer durch die Welt der Talismane und Amulette. In vielen Kulturkreisen sprechen Symbole bis heute im Sinne ihres Trägers: Sie schützen, schenken Liebe oder Heilung, verleihen magische Kräfte, dienen der Verführung, bringen Erfolg, Stärke oder Mut. In diesem Buch wird eine Auswahl früherer sowie moderner Talismane und Amulette vorgestellt, die zum großen Teil auch heute noch erhältlich sind.

ISBN 3-89767-438-6

Originalausgabe

1. Auflage

Umschlaggestaltung: Murat Karaçay
Satz & Redaktion: Eleni Efthimiou
Herstellung: Reyhani Druck und Verlag, Darmstadt

www.schirner.com

Inhaltsverzeichnis

Frauen und Göttinnen Amulette

Spiralen und Labyrinthe

Ägyptische Talismane und Amulette

Maori Amulette

Nordische Talismane und Amulette

Runen Amulette

Liebe und Partnerschafts Amulette

Drachen Amulette

Elfen und Einhörner Amulette

Keltische Talismane und Amulette

Östliche Talismane und Amulette

Chinesische Sternzeichen

Sternzeichen Amulette

Schamanische Sternzeichen

Schamanische Talismane und Amulette

Tier Amulette

Rechtlicher Hinweis

Die in diesem Buch enthaltenen Beschreibungen der Amulette und Talismane sowie deren Wirkung in spirituellen, energetisch-feinstofflichen, heiltherapeutischen, religiösen und mystischen Bereich sind lediglich Aussagen, aus Überlieferungen, Mythen, Sagen oder anderen alten Schriften. Der Autor behauptet nicht, daß die beschriebenen Teile physische und/oder geistige Heilwirkungen irgendwelcher Art entfalten. Die Talismane und Amulette sind als Kuriositäten anzusehen. Der Autor gibt keine Erfolgsgarantie für übernatürliche oder magische Kräfte. Die Wirkungen wurden weder von ihm getestet, noch nachgeprüft. Die Aussagen dienen ausschließlich zur Erklärung geschichtlicher Überlieferungen und Zusammenhänge früherer Lebens- Denk- und Heilweisen. Der Autor und der Verlag übernehmen keine Haftung im Falle des Mißbrauchs bei der Anwendung der beschriebenen Talismane und Amulette – im Gegenteil, es wird ausdrücklich davor gewarnt

Einleitung

Talismane und Amulette gibt es in allen erdenklichen Arten und sind bei fast allen Kulturen und Völkern der Erde seit scheinbar ewigen Zeiten in Gebrauch. Sie wurden benutzt als Schutzamulette, Glücksbringer, zur Erfüllung spezieller Wünsche oder um Heilwirkungen im Körper zu erzielen.

Einen Talisman beschreibt man als einen aktiv wirkenden Gegenstand, dem Energien und Kräfte zugesprochen werden, die dem Träger meist materielle Dinge wie Reichtum und Erfolg aber auch Glück und Liebe bringen sollen. Als Talismane wurden oft Gegenstände aus dem alltäglichen Leben benutzt. In früheren Zeiten waren es Gebrauchsgegenstände wie Schmuck und Schwerter oder Teile von erlegten Tieren wie Krallen, Hörner und Knochen. Auch Pflanzen und Holzschnitzereien wurden zum Schutz oder zur Wunscherfüllung bei sich getragen. Diese Gegenstände wurden früher oft mit verschieden Ritualen magisch aufgeladen um deren Wirkung zu erhöhen. Auch heute noch benutzt man gerne alltägliche Gegenstände oder Stofftierchen, die man bei sich trägt als Glücksbringer oder als so genannte Maskottchen. Schon kleinen Babys wird ein Teddy ins Bett gelegt, an dem sich das Kind später, als Schutz vor seinen Ängsten halten kann. Talismane leben von der Energie des jeweiligen Trägers, der durch seinen Glauben an ihn die eigenen unterbewußten Kräfte weckt. Wenn das erwünschte Ereignis eintritt hat der Talisman sehr oft seine Wirkung erfüllt, danach wird er meist achtlos zur Seite gelegt. Viele Amulette werden fälschlicher Weise als Talismane bezeichnet.

Ein Amulett ist ein Anhänger, der am Körper getragen wird. Er wird aber manchmal auch an Betten, in Autos oder an Häusern angebracht. In den meisten Fällen befinden sich auf den Amuletten magische oder rituelle Symbole eingraviert. Das Amulett wirkt wie ein passiver Schutz, der negative und böse Einflüsse von Außen abhalten soll. Das Amulett soll die Lebens- und Heilkräfte des Körpers stärken oder Liebe und Anziehungskraft heraufbeschwören. Es wird auch gerne eingesetzt, um vor negativen Einwirkungen zu schützen. Ein Amulett wirkt immer, auch nachdem ein gewünschtes Ereignis eingetreten ist.

Talismane und Amulette sind Träger von Symbolen. Bilder und Symbole wiederum sind die Sprache unseres Unterbewußtseins. Sie stehen meist symbolisch für eine nicht wahrnehmbare sehr starke Energie. Sie dienen sozusagen als Katalysator um uns für diese Kraft zu öffnen und sie für uns nutzbar zu machen. Diese Kräfte wirken auf der geistig-seelischen Ebene. Unser Körper wiederum nimmt auf die Dauer immer die Anweisungen unserer Gedanken an und setzt diese im Leben um – positiv wie negativ. Dauernde harmonische Schwingungen wirken dementsprechend heilend und harmonisierend. Gedankenschwingungen, die schützen, etwas aufbauen oder verändern sollen, werden von unserem Unterbewußtsein ebenso angenommen und umgesetzt, wie uns negative Gedankenstrukturen krank machen und vernichten können.

Die Symbole auf den Amuletten und Talismanen sind entweder über viele Generationen hinweg, von Tausenden von Menschen auf geistiger Ebene aufgeladen und energetisiert worden oder beziehen ihre Kraft direkt aus den Energien des Kosmos. Amulette können auch neu und auf bestimmte Personen bezogen hergestellt, magisch aufgeladen und geweiht werden.

Die Reinigung und das Aufladen von Amuletten und Talismanen.

In der Praxis werden zur Reinigung und Aufladung verschiedene Methoden angewendet. Benutzen Sie die Methode, die Ihnen persönlich am besten erscheint.

1. Mentale Reinigung:
Nehmen Sie das Amulett in die Hand, schließen Sie die Augen und visualisieren Sie einen Lichtstrahl, der direkt auf das Amulett gerichtet ist und dieses durchdringt. Stellen Sie sich dabei vor, wie der Strahl alle Verunreinigungen mit sich zieht und sich mit dem Licht innerlich auflädt und von innen heraus anfängt zu strahlen. Wenn sie das Gefühl haben, daß das Amulett ausreichend mit Energie versorgt ist, danken Sie den kosmischen Kräften, und das Amulett ist wieder frei zur weiteren Verfügung.

2. Wasserreinigung:
Sie können das Amulett unter einen Strahl fließenden Wassers halten – bis maximal 15 Minuten sind ausreichend. Oder legen Sie Ihr Amulett bei Regen unter oder an einen Baum – sowohl die Energie des Regens, als auch die des Baumes wirken reinigend und aufladend – je länger es dort verbleibt, um so besser die Wirkung.

3. Erdreinigung:
Auch hier, unter oder an einem Baum am besten in ein Tuch eingewickelt, eingraben und über längere Zeit in der Erde belassen.

4. Reinigung mit Edelsteinen:
Legen Sie das Amulett über Nacht in eine kleine Amethystdruse oder legen Sie das Amulett zusammen mit einem Edelstein (Rosenquarz, Bergkristall oder Amethyst) über Nacht oder für einen längeren Zeitraum in eine geschlossenen Box.

5.Symbolreinigung:

Nehme Sie am einfachsten ein auf ein Blatt Papier gezeichnetes Symbol, hier eigenen sich am besten Spiralen, das Labyrinth von Chartres oder Amais, oder das Zeichen der chemischen Formel von organischem Germanium (siehe Stangl, Anton) und lassen Sie Ihr Amulett für einige Stunden darauf liegen.

Das nachfolgende Werk dient als Nachschlagewerk und Lexikon, um eine Übersicht, über die meisten, zur Zeit auf dem Markt befindlichen Amulette und Talismane zu erhalten.

Eine intensive und sehr gute Beschreibung, wie und warum Amulette und Talismane wirken, sowie über die heilsamen Energieschwingungen von Symbolen, erhalten Sie in den Werken von Anton Stangl: Urschöpfungskraft und Freie Energie. Darmstadt 2004 und Dr. Diethard Stelzl: Heilen mit kosmischen Symbolen. Ein Praxisbuch. Darmstadt 2004.

Markus Schirner
Autor

Talismane und Amulette
(allgemein)

Caduceus (Heroldsstab)

Herkunft: Botenstab des griechischen Gottes Hermes.
Symbole: Es handelt sich um einen kurzen Stab, der oben achtförmig verziert ist, später auch in Form einer Schlange gewunden oder mit Schlangenkopf dargestellt, darunter oft mit Flügeln versehen. Oder es befindet sich an der Spitze des Stabes eine geflügelte Sonne, das ägyptische Symbol für Horus, den Schutzgott der Pharaonen. Ein »Caduceator« (Herold) trug als Zeichen seiner Aufgabe den Caduceus (Heroldsstab). Der berühmteste Stabträger war der griechische Gott Hermes. Von den Römern wurde er Merkur genannt. Seit der Antike ist der Caduceus das Symbol der Medizin. In der Alchemie ist er das Symbol der Vereinigung der beiden gegensätzlichen Prinzipien Merkur (Quecksilber) und Sulphur (Schwefel). In der hinduistische Philosophie symbolisiert er den Energiekanal des Menschen (Kundalinikraft)
Bedeutungen als Talisman oder Amulett: Heilerische Kräfte; körperliche und geistige Gesundheit

Äskulapstab

Herkunft: Asklepios (lat. Äsculapisu), griechischer Gott der Heilkunst.
Symbole: Der Äskulapstab ist zum Wahrzeichen der Ärzte und Apotheker geworden, weil sich Asklepios auf den meisten Abbildungen auf einen Stab, um den sich eine Schlange windet, stützt.

Bedeutungen als Talisman oder Amulett: Dem Äskulapstab selbst werden magische Kräfte zugesprochen. Er symbolisiert die Verbindung zwischen Himmel und Erde.

Hand der Fatima

Herkunft: Wahrscheinlich jüdisch-arabischen Ursprungs.
Symbole: Sie symbolisiert die schützende und weisende Hand Gottes
Bedeutungen als Talisman oder Amulett: Schützt vor Unglück und Angst. Gibt Stärke, Kraft und Selbstbewußtsein.

Böser Blick

Herkunft: In Europa, Asien und Afrika verbreitetes Symbol.
Symbole: Es soll den Bösen Blick anderer Menschen reflektieren.
Bedeutungen als Talisman oder Amulett: Gegen Neid und Verwünschungen anderer Menschen. Gibt alle Energien an den Absender zurück.

Innerlicher Friede

Herkunft: Nicht bekannt.
Symbole: Die Schlange steht für Wiedergeburt, das Herz für Selbsterkenntnis.
Bedeutungen als Talisman oder Amulett: Gibt dem Träger die Kraft der Liebe, schenkt Harmonie und Freude. Transformation zur allumfassenden Liebe.

Abraxas

Herkunft: Abraxas galt als »Gott der gnostischen Religion«. Der Name Abraxas, der wahrscheinlich aus dem koptischen stammt, bedeutet soviel wie »heiliger Name« oder »heiliges Wort«. Sein Ursprung wird auf das 1. Jahrhundert n.Chr. geschätzt.

Symbole: Die 7 Buchstaben (stehen für die Wochentage) ergeben einen numerologischen Wert von 365 (steht für die Jahrestage). Die abgebildete Figur zeigt ein Mischwesen (Arme und Rumpf eines Menschen, der Kopf des Hahnes Phronesis, die Beine der Schlangen Logos und Nus). Des weiteren trägt sie ein Schild (die Sophia) sowie eine Geisel (Dynamis). Abraxas vereinigt in sich Gott und Teufel, Licht und Dunkel, Mann und Frau. In späteren Zeiten wurde der Rabe zum Tier des Gottes Abraxas. Die Worte »Abrakadabra« als Zauberformel leiten sich von diesem Namen ab.

Bedeutungen als Talisman oder Amulett: Glückszeichen; Siegeszeichen; stärkstes Zeichen um schwarzmagische Kräfte zu neutralisieren.

Glückshand

Herkunft: Aus der babylonischen Kultur.

Symbole: Offene Hand.

Bedeutungen als Talisman oder Amulett: Sie steht für Aktivität, Kraft und Schicksal. Sie symbolisiert Offenheit, Vergebungsbereitschaft und Ehrlichkeit des Trägers; sorgt für ehrliche Freude und gibt Hoffnung im Moment des Zweifels. Dem Träger beschert dieses Amulett Glück und hält alles Unheil fern.

Schutzhand

Herkunft: Die erste Darstellungen zeigt die Hand mit abgespreizten Fingern, die bereits in der nordischen Bronzezeit verwendet wurde. Diese Version stammt von Robertus de Fluctius (1574-1637).

Herkunft: Diese zweite Darstellung ist ein universelles Symbol, das von den Indern »Humsa« genannt wird. In Asien ist die Schutzhandein starkes Schutzamulett.

Bedeutungen als Talisman oder Amulett: Gibt Hilfe und Schutz in allen Situationen; vertreibt Furcht und schützt vor Unterdrückung

Kreuz der Tuareg

Herkunft: Afrika.

Symbole: Afrikanische Stämme trugen dieses Zeichen bei der Suche nach neuem Lebensraum.

Bedeutungen als Talisman oder Amulett: Gibt Schutz vor Voodo und Verwünschungen jeder Art, bewahrt vor allen ungewissen Dingen und Gefahren; gibt innere Sicherheit.

Teufelsfalle

Herkunft: Viele Funde dieser Spiralen sind über 6000 Jahre alt (assyrisch-semitisch).

Symbole: Schriftzeichen (Gebete) spiralförmig in einer Schale von außen nach innen angeordnet, mit einer Segnung am Boden. Diese Spirale soll alles Negative einfangen und durch die verworrenen Schriftzeichen festhalten.

Bedeutungen als Talisman oder Amulett: Bannamulett gegen alles Böse; bewahrt und schützt vor Unglück und negativen Kräften.

Stein aus Susa

Herkunft: Babylonischer Kudurru (Felstafel) aus der Zeit Mardukpalliddins (1189 -1176 v. Chr.).

Symbole: Auf der Münze sind eine Reihe verschiedener Gottheiten abgebildet (Verbundenheit mit den Menschen).

Bedeutungen als Talisman oder Amulett: Er soll die Intuition stärken, so daß der Träger den richtigen Lebensweg besser finden kann. Der Schutz und die Hilfe der Götter lassen den Träger die kosmischen Energien und Kräfte spüren.

Versiersiegel

Herkunft: Arabisches Symbol.

Bedeutungen als Talisman oder Amulett: Es bietet Schutz vor schwarzer Magie, Haß und Aggressionen. Schützt vor Energievampiren und Ausnutzung, besonders bei Menschen mit medialen Fähigkeiten. Hilft gegen jede Art von fremden Einflüssen und erleichtert so die Konzentration und die schöpferische Arbeit.

Drache und Phönix

Herkunft: Figuren aus der chinesischen Mythologie.

Symbole: Sie versinnbildlichen im makrokosmischen Bereich die männlichen und weiblichen Kräfte der Natur (Yin und Yang), im mikrokosmischen Bereich das Männliche und Weibliche.

Bedeutungen als Talisman oder Amulett: Dem Träger werden Langlebigkeit, Wohlstand und der optimale Fluß aller Energien geschenkt.

Reiseamulett

Herkunft: Mittelalterliches Amulett.
Symbole: Amulett für Reisende und Wanderer.
Bedeutungen als Talisman oder Amulett: Schutzamulett für alle Gefahren auf einer Reise. Sorgt für das sichere Erreichen des Ziels.

Tumi

Herkunft: Südamerika.
Symbole: Gesundheits-Gottheit; Schneide/Operations Symbol der Inkas.
Bedeutungen als Talisman oder Amulett: Es steht für Heilung und Gesundheit, für ein langes und glückliches Leben. Stärkt die Lebenskräfte und die Abwehrkräfte.

Lilie

Herkunft: Steht für die Schöpfungsgöttin »Lilith« und für die heilige Jungfrau »Juno«.
Symbole: Symbolisiert das Frühlingserwachen und die Fruchtbarkeit. Der offene weibliche Kelch stellt die mögliche Verschmelzung mit dem Göttlichen dar. Im Christentum symbolisiert die Lilie Marias unbefleckte Empfängnis.

Bedeutungen als Talisman oder Amulett: Sie steht für Reinheit, Klarheit und Unschuld. Sie sorgt für eine konfliktfreie Lebenshaltung und Lebensführung.

Christliche Kreuze

Christliches Kreuz

Herkunft: Das Kreuz wird seit der Kreuzigung Jesu als Christussymbol benutzt. Kreuze erschienen jedoch schon viel früher in fast allen Kulturkreisen.

Symbole: Das Kreuz ist das universelle Symbol der Mittlung (des Mittlers) schon lange vor der christlichen Symbolsprache. Die Vertikale symbolisiert die Ausrichtung und Verbindung zu Gott und die Horizontale die Verbundenheit der Menschen untereinander.

Bedeutungen als Talisman oder Amulett: Das christliche Kreuz steht für den christlichen Glauben und für die Auferstehung. Manchmal trifft man bei einem Kreuz auf das A und O, das Alpha und das Omega. Die Anfangs- und Endbuchstaben des griechischen Alphabets symbolisieren das alles einschließende Universum. Christus hat zudem in der Offenbarung des Johannes sich selbst als das A und O bezeichnet: »Ich bin das A und das O, der Erste und der Letzte, der Anfang und das Ende.« Die Taube auf einem Kreuz hat viele verschiedene Bedeutungen. Sie stellt den Heiligen Geist Gottes dar oder ist das Symbol des Paktes, den Noah mit Gott schloß. Ihr häufiges Vorkommen in der christlichen Symbolik begründet sich aber wahrscheinlich vor allem aus der antiken Vorstellung, die Seele sei ein Vogel und entweiche nach dem Tode in den Himmel. Besonders in Darstellungen von Märtyrern sieht man oft die Seele des Märtyrers als Taube den Körper verlassen.

Kreuz mit INRI

Symbole: INRI ist die der Kreuzinschrift und bedeutet: »JESUS NAZARENUS REX JUDAEORUM« Jesus von Nazareth, König der Juden. Der Statthalter Pontius Pilatus hatte eine Tafel mit dieser Aufschrift in aramäischer, griechischer und lateinischer Sprache am Kreuz anbringen lassen.

Kreuz mit XP

Herkunft: Überliefert ist, daß dieses Kreuz Konstantin im Traum erschienen sein soll. Der römische Kaiser setzte das XP auf seine Standarte und zeichnete es auf die Schilde seiner Soldaten.

Symbole: Die miteinander verbundene **XP** (Labarum), das X (= CH) und das P (= R) sind die ersten zwei Buchstaben des griechischen Wortes für Christus. Das XP war ursprünglich ein geheimes Christenzeichen, doch hat es einen älteren heidnischen Ursprung nämlich das Attribut des alten chaldäischen Himmelsgottes. Dort geht das Zeichen auf die Ursprungsformen des heutigen Q und T zurück.

Kreuz mit Fisch

Herkunft: Geheimzeichen des frühen Christentums.

.*Symbole:* Das uralte Heilszeichen des Fisches wurde wegen seiner griechischen Wortfügung »ICHTHYS« als Geheimzeichen für das frühe Christussymbol. Die einzelnen griechischen Schriftzeichen des Wortes »ICHTHYS« wurden als Anfangsbuchstaben folgender Worte gesehen. Jesus–Christus–Gottes–Sohn–Erlöser.

Kreuz mit Christusmonogram IHS

Symbole: IHS sind die ersten drei Buchstaben des griechischen Wortes für Jesus. I (= J), H (= E), S (= S). Daneben gibt es noch eine lateinische Definition: Jesus Hominum Salvator (= Jesus, Retter der Menschen oder Jesus Heiland Seligmacher).

Kreuz mit Monogramm R.I.P

Symbole: Das R.I.P ist kein Christusmonogramm, sondern lediglich die Abkürzung »requiscat in pace« (lat. Ruhe in Frieden).

Lothringer Kreuz

Herkunft: Auch Patriarchalkreuz oder Erzbischöfliches Kreuz genannt.

Symbole: Das Lothringer Kreuz hat zwei Querbalken, von denen der untere Balken länger ist als der obere. Dieses Kreuz zeigte, daß die Kirche zu einem Patriarchat und/oder einem Kloster gehörte.

Päpstliches Kreuz

Symbole: Es ist ausschließlich dem Gebrauch des Papstes vorbehalten. Die drei Balken dieses Kreuzes weisen auf das dreifache Amt des Papstes hin: Priesteramt, Hirtenamt, Lehramt

Jerusalemer Kreuz

Herkunft: Abzeichen des Ordens der Ritter vom Heiligen Grabe.

Symbole: Vier kleine Kreuze im Winkel eines großen »Krückenkreuzes«.

Bedeutungen als Talisman oder Amulett: Seine wichtigsten Aufgaben sieht der Ritterorden heute:

•in der Förderung der christlichen Lebensführung seiner Mitglieder,

•in Treue zur Kirche und zum Papst unter besonderer Beachtung des Gebotes der Nächstenliebe. Der spirituelle Aspekt steht dabei immer im Vordergrund.

•in der Unterstützung und Förderung der religiösen, wohltätigen, kulturellen und sozialen Aktivitäten und Einrichtungen der katholischen Kirche im Heiligen Land durch Spenden, insbesondere der des lateinischen Patriarchats von Jerusalem, mit dem der Orden traditionelle Bande unterhält,

•in der Erhaltung und Förderung des katholischen Glaubens im Heiligen Land,

•in der Verteidigung der Rechte der katholischen Kirche, insbesondere im Heiligen Land.

Antoniuskreuz (Taukreuz)

Herkunft: Der heilige Antonius war ein Einsiedler, der in Ägypten von 251 bis 326 lebte und dort 5000 Mönche und fromme Menschen um sich versammelte.

Symbole: »T«-förmiges Kreuz. Der Name leitet sich vom griechischen Buchstaben Taf (=T) ab. Die lateinische Bezeichnung ist »Crux commissa«.

Bedeutungen als Talisman oder Amulett: Symbol des Antonins Orden (Antonie.r, Antonierherren, Hospitalbrüder des heil. Antonius), ein Mönchsorden. Früher war dieses Kreuz das Symbol für Christus, aber auch dieses Kreuz hatte seinen Ursprung bei den keltischen Druiden, welches dort für »Gott« genommen wurde, den sie auch Thau nannten. Es war das Symbol des heiligen Tages. Da das uns heute bekannte Kreuz nun das Taukreuz ablöste, wurde es dem heiligen Philippus zugeordnet und so auch gleich mit dem 1. Mai und dem Maibaum vermischt. Es steht für Frieden, Vollkommenheit und Ganzheit.

Krückenkreuz (doppeltes Taukreuz)

Symbole: Vervielfachung des Taukreuzes.

Kleeblattkreuz

Symbole: Es symbolisiert die Verbindung von Christuskreuz und Dreifaltigkeitszeichen.

Templerkreuz (Tatzenkreuz)

Herkunft: 1147 gewährte Papst Eugen III. den Templern für ihre Verdienste bei der Verteidigung des Heiligen Landes das exklusive Recht, ständig ein rotes Kreuz auf der linken Schulter – an der Nähe des Herzens (a sinistra), zum steten Gedenken an das Martyrium Christi, zu tragen. Gegründet wurde der Orden der Tempelritter wahrscheinlich im Jahre 1120 durch die beiden Grafen Hugo de Payens und Gottfried de Saint-Omer, sowie sieben weiteren abendländischen Adligen.

Symbole: Das Tatzenkreuz, auch Templerkreuz genannt, ist ein Kreuz mit verbreiterten Balkenenden. Es hat acht Spitzen – genauso wie viele Templerkirchen ebenfalls eine achteckige Form haben.

Bedeutungen als Talisman oder Amulett: Acht ist die Zahl des ewigen Kreislaufs und liegend das Zeichen der Unendlichkeit. Das Kreuz selbst ist ein uraltes Symbol, das man in vielen vorchristlichen Kulturen findet. Für die Templer soll es die vier Elemente – Feuer, Wasser, Erde Luft – und die vier Evangelisten verkörpert haben.

Malteser Kreuz (Johanniterkreuz)

Herkunft: Das Malteserkreuz, das Emblem des Malteser Hilfsdienstes, ist den meisten Menschen heutzutage bekannt. Verbunden wird mit ihm der Einsatz des Hilfsdienstes. Funde in Peru weisen darauf hin, daß auch diese Kreuzform einen sehr frühen Ursprung hat. Die Indianer nutzten das Malteserkreuz als Windkreuz, welches zum einen für die Himmelsrichtungen, zum anderen für die Jahreszeiten stand. In der Zahlensymbolik hat dieses Kreuz eine große Bedeutung.

Symbole: Jede der acht Spitzen steht für eine der acht Seligpreisungen der Bergpredigt.

Hugenottenkreuz

Herkunft: Grundlage für dieses Kreuz war das Malteser Kreuz. »La Croix Hugenote« wird seit der Aufhebung des Edikt von Nantes (1685) von reformierten Christen getragen. Über seine Entstehung berichtete erstmals Abbé Valette, in seiner Schrift »Der Aufruhr in den Cevennen«. Hiernach hat der Goldschmied Maystre in Nîmes das Kreuz um 1688 entworfen und hergestellt.

Symbole: Das Hugenottenkreuz wurde ähnlich dem Malteserkreuz geformt. Beim Hugenottenkreuz ist die Taube, die ursprünglich im Malterkreuz zu sehen war, unter am Kreuz angehängt. Vier Dreiecke, die von einer gemeinsamen Mitte ausgehen, symbolisieren die vier Evangelien. Diese Mitte ist Jesus Christus. Jede äußere Spitze der Dreiecke endet in einem Kügelchen. Sie weisen auf die acht Seligpreisungen der Bibel hin (Matthäus 5, 3-10). Die Lilien (Fleurs de Lis) in den Kreuzwinkeln – sie finden sich auch in den Wappen des bourbonischen Hochadels – bekunden die Verbundenheit der Hugenotten mit ihrem Vaterland. Die vier »Fleurs de Lis« bestehen aus jeweils drei Blütenblättern. Sie sind ein Hinweis auf die 12 Apostel.

Bedeutungen als Talisman oder Amulett: Das Hugenottenkreuz, auch »Saint Esprit« genannt (Heiliger Geist), ist auch heute noch das Symbol der reformierten Christen.

Wiederkreuz

Symbole: Vervielfachung des lateinischen Kreuzes.

Kugelkreuz

Herkunft: Auch »Bekenntniskreuz« genannt.
Symbole: Ein Kreuz auf einem Kreis oder einer Kugel.
Bedeutungen als Talisman oder Amulett: Es wird als Symbol bei der christlichen Jugendarbeit benutzt.

Griechisches Kreuz

Herkunft: Dieses Kreuz deutet auf den hl. Minias (Miniato) v. Florenz hin.
Symbole: Kreuz (lat. crux quadrata) mit gleichlangen Schenkeln.
Bedeutungen als Talisman oder Amulett: Das Kreuz symbolisiert das Zentrum der neuen Schöpfung. Es sind der Lebensbaum, die Achse der Welt und die Himmelsleiter zu sehen.

Mondsichelkreuz

Symbole: Dieses Symbol ist ein Heilszeichen: der Anker der christlichen Hoffnung. Als verschleiertes Kreuz war es ursprünglich ein Geheimzeichen.

Petruskreuz

Symbole: Dieses Kreuz ist ein auf den Kopf gedrehtes christliches Kreuz.

Bedeutungen als Talisman oder Amulett: Heute wird dieses umgedrehte Kreuz oft von »Satansanbetern« getragen. Sie sind der Ansicht, daß Satan, als Widersacher Gottes, alles umgekehrt sieht – auch das Kreuz. Diese Annahme ist falsch. Das umgedrehte Kreuz wird als Petruskreuz oder bei den Wicca als Wolfskreuz bezeichnet. Es deutet auf das Martyrium der Apostel Petrus und Philippus hin.

Russisches Kreuz

Symbole: Lateinisches Kreuz mit schräg gestellten Fußbalken.

Methodisten Kreuz

Herkunft: Die Erweckungsbewegung der »Methodisten« ist zu Beginn des 18. Jahrhunderts aus der anglikanischen Kirche hervorgegangen. Dort gab es einen »Heiligen Club« in Oxford, deren Mitglieder »Methodists« genannt wurden, weil sie ein sehr geregeltes, religiöses Leben führten.

Symbole: Das internationale Signet der evangelisch-methodistischen Kirche ist das Kreuz-mit-Flamme-Symbol. Es wurde erstmals 1971 in den USA eingeführt und ist weltweit in der United Methodist Church verbreitet.

Benediktiner Kreuz

Herkunft: Dieses Kreuz wurde nach dem heiligen Benedikt von Nursia (ca. 480– ca. 547) benannt.

Der hl. Benedikt gilt als einer der Väter des abendländischen, christlichen Mönchtums und stellt eine herausragende Persönlichkeit innerhalb der Geschichte dar. Er trägt den Beinamen »Vater vieler Völker« und ist Schutzpatron Europas. Diese Würde trägt er zu recht, denn der von ihm gegründete Orden hat das Antlitz Europas wesentlich mitgestaltet. Die Benediktiner haben maßgeblich zur Rekultivierung Europas nach dem Ende des römischen Weltreiches beigetragen.

Symbole: Im Medaillon befindet sich der sogenannte Benediktussegen. Dieser zeigt in der Umschrift oben zunächst die griechische Abkürzung für den Namen Jesu IHS, zu deutsch: Jesus, Heiland, Seligmacher. Es folgen im Uhrzeigersinn die Buchstaben

- C.S.P.B Kreuz des heiligen Vaters Benedikt
- C.S.S.M.L Das heilige Kreuz sei mir Licht
- N.D.S.M.D. Der Drache sei mein Führer nicht
- V.R.S. Gehe zurück, Satan! (Weiche, Satan!)
- S.M.Q.L Böse ist, was du ausgießest
- I.V.B. Trinke selber deine Gifte

Bedeutungen als Talisman oder Amulett: Die benediktinische Spiritualität verdeutlicht wesentliche Aspekte des Christseins. Erbe und Auftrag der benediktinischen Familie ist es, diese Aspekte heute in der Kirche lebendig zu halten und – mehr durch das Leben als durch Worte – zu bezeugen. Zwei Grundbewegungen kennzeichnen das benediktinische Leben. Das klösterliche Leben will eine echte Alternative zu den heute üblichen Lebensweisen anbieten und baut dabei auf einer über Tausend Jahre alten Erfahrung auf. Diese hat gezeigt, daß der Mensch als Einzelwesen und in der Gemeinschaft eine echte Chance hat, Gott zu begegnen. So ist GOTT SUCHEN die erste Forderung, die der Mönchsvater Benedikt an seine Schüler stellt.

Engel Talismane und Amulette

Amulett der vier Erzengel

Herkunft: Mittelalter.
Symbole: Das Amulett ist dem Saturn geweiht.
Bedeutungen als Talisman oder Amulett: Der Verstand des Trägers wird geklärt und geschärft. Das Selbstbewußtsein und die eigene Persönlichkeit werden gefestigt, entwickelt und verstärkt. Unterstützt die Vergeistigung des Menschen.

Schutzsiegel der Erzengel

Herkunft: Salomonisches Schutzsiegel. Dieses Siegel soll Salomon vom Erzengel Michael übergeben worden sein.
Symbole: Pentagramm mit Siegelschrift
Bedeutungen als Talisman oder Amulett: Schutz vor Angriffen jeglicher Art.

Erzengel Raphael

Herkunft: Sein Name bedeutet »Gott heilt« oder »Medizin Gottes«. Raphael wurde im Mittelalter zum Inbegriff des Schutzengels. Er wurde mit den sechs Flügeln der Seraphen dargestellt, gehört aber gleichzeitig zu den Cherubim.
Symbole: Im äthiopischen Henoch gilt Raphael als einer der vier Nothelfer, die den Menschen im Falle von Krankheiten und Wunden zur Seite stehen. Er gilt als Regent des zweiten Himmels, als Schutzengel für den Baum des Lebens im Paradiesgarten Eden, als einer der sieben Engel um Gottes Thron.

Bedeutungen als Talisman oder Amulett: Raphael galt als Patron der Kranken, insbesondere der an Pest erkrankten Menschen, der Apotheker, Reisenden, Pilger, Auswanderer, Seeleute, Dachdecker und Bergleute. Das Amulett wurde dazu benutzt, körperlichem und seelischem Leid entgegenzuwirken, Schmerzen zu lindern, zu heilen und die Menschen zu trösten.

Erzengel Michael

Herkunft: Sein Name ist hebräischer Herkunft und bedeutet »Wer ist wie Gott?«.

Symbole: Er ist Patron der katholischen Kirche und der Kämpfer gegen alle gottesfeindlichen Kräfte. Er gilt als Schutzengel des jüdischen Volkes. Laut Überlieferung soll er um den Leichnam Moses, dessen Bestattung ihm übertragen worden war, mit dem Teufel gekämpft haben. Er wird gerne mit Schwert oder Spieß, im Kampf mit einem Drachen (Satan) dargestellt.

Bedeutungen als Talisman oder Amulett: Schutzamulett gegen teuflische Mächte und das Böse im Menschen. Dieses Amulett soll unseren Glauben an die göttliche Weisheit stärken. Er schützt uns vor allen Gefahren und schenkt uns Lebenskraft und Freude.

Erzengel Gabriel

Herkunft: Sein Name bedeutet »Gottes Held«. Die oberen Amulette sind aus dem Grimonium Verum von Amadel aus dem 13. Jahrhundert.

Symbole: Der Erzengel Gabriel ist der Engel der Verkündigung, der Auferstehung und der Gnade. Er ist der treue Bote Gottes und der Helfer der Priester, der Gottgeweihten, der Knechte und Mägde Gottes. Die spirituelle Deutung Gabriels ist die Wiedergeburt des göttlichen Geistes im Menschen.

Bedeutungen als Talisman oder Amulett: Zur Bekämpfung des Mammon, den Geist des Geizes und der Gewinnsucht. Der Träger dieses Amuletts wird vor negativen Einflüssen geschützt. Es schenkt Gesundheit und Harmonie; dient zur Stärkung des Intellekts und zur Kraft der Besonnenheit.

Erzengel Uriel

Herkunft: Sein Name bedeutet »Feuer Gottes«, »Licht Gottes«

Symbole: Uriel umgibt uns mit seinem Feuerkranz der Liebe, der Geduld und der Güte.

Bedeutungen als Talisman oder Amulett: Er bekämpft den Geist des Zornes, des Hasses und der Ungeduld. Er beschützt alle Gnaden- und Erscheinungsorte.

Erzengel Barachiel

Herkunft: Sein Name bedeutet: »Segen Gottes«.

Bedeutungen als Talisman oder Amulett: Er bekämpft den Geist der Trägheit und der religiösen Gleichgültigkeit.

Engel

Herkunft: Das Wort Engel (engl. Angel, lat. Angelus, griechisch.

angelos = Bote, Botschafter) entstammt den Worten der atlantinischen Ursprache: ANG = Leben und EL = Gotteslicht. Engel sind Lichtbringer und Gottesboten. Im arabischen sind die Engel (al-Mala'ika) gewaltige und mächtige unsichtbare Lichtwesen. Sie haben einen hohen Stellenwert als Stimme der Propheten.

Symbole: Engel symbolisieren den Vermittler zwischen Gott und den Menschen.

Bedeutungen als Talisman oder Amulett: Sie sind Beschützer auf unserem Lebensweg und helfen, uns den himmlischen Kräften zu öffnen, sowie Heilung und Transformation zu erfahren. Sie bringen uns der Liebe näher und verhelfen uns zu innerem Wachstum. Sie unterstützen uns, den Kontakt zu den geistigen, lichten Sphären herzustellen und zeigen uns die Rückkehr zu uns selbst, zum Zustand der Einheit mit der Schöpfung.

Schutzengel

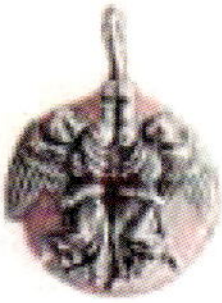

Herkunft: Die Schutzengel stammen aus dem jüdischen, islamischen und katholischen Glauben. Es wird gesagt, daß die Engel vom Gott geschickt werden. Schutzengel begleiten und kümmern sich um einzelne Menschen.

Symbole: Der Glaube an Schutzengel soll Menschen neuen Mut geben. Der Gedanke, daß es Wesenheiten gibt, die über die Menschheit als Ganzes und über den Einzelnen ihre schützende Hand halten, gibt Trost in der Not. Als Wegbegleiter und Ratgeber sind sie für uns da, wenn wir uns für sie öffnen. Die Natur der Engel ist es, uns zu gewähren, worum wir im wahrhaftigen Gebet bitten. Die Schutzengel arbeiten in der feinstofflichen Ebene und sind immer für unsere Seele da. Sie helfen bei der Unterstützung unseres eigenen Lebensplans, helfen uns, günstigere Umstände für unser Leben zu schaffen.

Bedeutungen als Talisman oder Amulett: Beistand in allen Angelegenheiten des Lebens. Zur Unterstützung der inneren Ruhe und Entspannung in Problemsituationen. Er soll uns helfen, auf unsere innere Stimme zu hören. Er gibt Schutz vor Geistern.

Cherubim

Herkunft: Die Cherubim stehen für Weisheit und Erkenntnis, ihr Name bedeutet »Fülle der Weisheit«, »Übertragung der Erkenntnis«. In der Genesis werden sie als Wächter des Garten Eden genannt (Gen. 3, 24).

Symbole: Sie werden oft als kindhafte »Puttenengel« dargestellt oder als Engel mit Posaune. Sie sollen die göttliche Weisheit auf andere Wesen übertragen.

Bedeutungen als Talisman oder Amulett: Die Engel helfen uns, Glaube, Hoffnung und Kraft zu erlangen. Sie können bei Depression, Trauer und Einsamkeit eine Stütze sein.

Amorengel

Herkunft: Er wird bei den Griechen Eros und bei den Römern Amor genannt. Sie stellten sich den »Gott der Liebe« als geflügeltes Wesen vor.

Symbole: Eros/Amor erhielt von den Göttern den Auftrag, goldene Pfeile in die Herzen zweier Menschen zu schießen, damit sie sich verlieben.

Bedeutungen als Talisman oder Amulett: Der Wunschpartner soll durch dieses Symbol angezogen werden und sich in den Träger verlieben.

Talismane und Amulette aus Mittelalter und Magie

Agrippa Pentagramm

Herkunft: Cornelius Agrippa von Nettesheim (1486 -1535).

Symbole: Dieses Amulett stellt den Menschen dar (als Symbol des Mikrokosmos). Die Arme und Beine der Figur sind so ausgebreitet, als wollen sie die Welt (die vier Elemente) umfangen. Der Kopf berührt oben den gleichen Kreis, wie die Arme und die Beine unten. Die vier Planetenzeichen stehen für diese fünf Anknüpfungspunkte der Körperteile im Kreis. Dieses Zeichen ist daher das Symbol der Magier, die durch ihr Wissen um die Mysterien der Welt zum wahren Selbst gefunden haben.

Bedeutungen als Talisman oder Amulett: Es ist das Symbol für geheimes Wissen und eines der stärksten Schutzamulette überhaupt. Es sorgt für die Wiederherstellung des verletzten Gleichgewichts und mindert Ängste und Unsicherheit. Es schützt vor Verhexungen, Flüchen und Bannsprüchen Dritter.

Pentagramm

auch Drudenfuß (Druidenfuß), Hexenkreuz, Teufelszeichen, Salomons Siegel, Stern von Bethlehem, Stern der Heiligen Drei Könige.

Herkunft: Nicht genau belegt.

Symbole: Das Pentagramm wird von allen magischen Symbolen am meisten verehrt. Es zeigt einen Stern und damit die innere mystische Energie. Es ist das Zeichen des Erdelementes im Tarot. In früheren Zeiten stand das Pentagramm für Leben und Gesundheit. Die Zigeuner nannten es den Stern der Weisheit, und sie offenbarten ihn, indem

sie einen Apfel quer durchschnitten, wobei das Kerngehäuse die Form eines Pentagrammes wiedergab. Während des Mittelalters hieß es auch, daß Hexen und Heiden sich mit dem Pentagramm segneten, anstatt das Kreuzzeichen zu machen. Daher auch der Name »Hexenkreuz«.

Bedeutungen als Talisman oder Amulett: Starkes Schutzzeichen; zur Abwehr von Hexerei und zur Beschwörung und Unterwerfung von Geistern zu verwenden. Es dient als Schutz vor bösen und übernatürlichen Kräften und zur Verteidigung gegen Angreifer. Es unterstützt das Erreichen eigener Ziele und steigert das Charisma.

Keltisches Pentagramm

Das magische Pentagramm, umschlossen und verstärkt von keltischem Knotenmuster, ist das traditionelle Amulett der keltischen Magier. Es wurde getragen, um Willensstärke und Erfolg zu erreichen.

Tetragramm

Levi ist der berühmteste Magier des letzten Jahrhunderts. Das Tetragramm ist eines von vielen, von ihm gestalteten magischen Symbolen. Der Name Gottes (Jahve, JHVH), das Pentagramm und andere magische Zeichen bilden ein starkes Schutzamulett. Es wird getragen, um göttliche Führung zu erhalten und verborgenes Wissen aufzuspüren.

Runen-Pentagramm

Mit magischen Runen versehenes Pentagramm.

Sir Gawain´s Wappenpentagramm

Schatten-Pentagramm

Geheimes Symbol der Hexerei: Es unterstützt den Träger in seinen Vorhaben und Handlungen. Das Amulett sorgt für die Verbindung der Erde mit dem Geist.

Doppeltes Pentagramm

Die Pentagramme liegen gegengleich. Sie verkörpern die Dualität der Natur. Sie ergeben zusammen eine zehnstrahlige Sonne, als Symbol strahlender und siegreicher Energie.

Rosen Pentagramm

Aktiviert die spirituellen Kräfte seines Trägers, und hilft ihm beim Erreichen seiner Ziele; schützt vor innerem Zweifel; Die Rose steht für Verschwiegenheit und hilft dem Träger diese Tugend in seinem Leben zu aktivieren. Desweiteren stärkt das Pentagramm die Aura des Trägers und hilft ihm gegen Anfeindungen jeder Art.

Planeten Pentagramm

Dieses beidseitig tragbare Pentagramm trägt die Zeichen der sieben Planeten der klassischen Astrologie auf der einen und die geheimnisvollen Symbole des magischen Schwerts aus dem Buch »Schlüssel des Salomon« auf der anderen Seite. Es steht für Erfolg bei Zaubersprüchen.

Salomonsiegel (Hexagramm)

Herkunft: Salomon, der weise König der Juden, war schon in der Antike berühmt als großer Magier und Geisterbeschwörer. In mehreren Büchern heißt es, daß Gott dem Salomo durch den Engel Raphael ein Siegel sandte, mit dessen Hilfe der König die Dämonen und Geister beschworen konnte.

Symbole: Im Buch »Buch Raziel An« wird beschrieben, daß an den vier Ecken die Namen der vier Flüsse des Paradieses stehen (Pishon, Gihon, Prath und Hiddekel) bzw. die Symbole der Elemente Feuer, Wasser, Erde und Luft. Es soll die Vereinigung aller Gegensätze wiederspiegeln. Im Inneren befindet sich ein Hexagramm und 14 Gruppen mit jeweils drei Buchstaben und den Worten: »Gehe fort, Du und all die Leute, die in Deinem Gefolge sind«.

Bedeutungen als Talisman oder Amulett: Ein sehr starkes Schutzamulett gegen alle Gefahren; hilft bei magischen Studien und Anrufungen; verleiht Einsicht und Wissen; ein Schild gegen negative äußere Einflüsse; es bewahrt seinen Träger vor allem Mißgeschick; es bringt Heiterkeit, gute Stimmung, Frieden und Selbstvertrauen; es stärkt die Lebenskraft und gibt Energie; auch ein sehr gutes Amulett für Schwangere und Neugeborene. Es fördert gute Taten und richtige Lebensführung

Jupiteramulett (Spieleramulett)

Symbole: Auch ein Salomonsiegel; in der Mitte ein Hufeisen als Glückssymbol; die Zahlen am Rand sollen Spielgewinne anziehen.

Bedeutungen als Talisman oder Amulett: Glücksamulett; Es stärkt die Fähigkeit, entscheiden zu können, wann das Spielen günstig ist und wann man es lieber vermeiden sollte.

Jupiteramulett des Paracelsus

Auf der Rückseite befindet sich ein magisches Zahlenquadrat (Quersummen 34). Auf der Vorderseite die Abbildung eines Schriftgelehrten mit einem Stern über dem Kopf. Fördert Liebe, Zuneigung und Freundschaft. Für Erfolg im Geschäftsleben sowie bei Unternehmungen jeglicher Art.

Marsamulett

Herkunft: Pentakel des Mars aus dem Clavicula Solomonis.
Symbole: Im Zentrum des Salomonsiegels stehen die verschieden Gottesnamen, in den fünf Ecken steht jeweils ein He (=Zahl fünf)
Bedeutungen als Talisman oder Amulett: Stärkt die Abwehrkräfte des Körpers; bringt seine aktiven und passiven Energien ins Gleichgewicht; unterstützt die Heilung aller Krankheiten; es verstärkt die Wirkungen eingesetzter Medikamente.

Marsamulett des Paracelsus

Auf der Rückseite befindet sich ein magisches Zahlenquadrat (Quersummen 65). Auf der Vorderseite ein bewaffneter Krieger mit einem Schild in der linken und einem Schwert in der rechten Hand sowie einem Stern über dem Kopf. Dieses Amulett ist für den Schutz gegen Verletzungen und Verwundungen; gibt seinem Träger Kraft und Stärke.

Pentakel des Vaters

Bedeutungen als Talisman oder Amulett: Die Probleme des Alltags werden besser bewältigt. Es stärkt das eigene Selbstvertrauen und verleiht dem Träger Kraft für die alltäglichen Anforderungen. Gegen Ängste und schlechte Träume.

Glückspentakel

Bedeutungen als Talisman oder Amulett: Es gibt Kraft, Energie und Vitalität. Der Glaube an die eigenen Fähigkeiten und die Überzeugung, diese wirksam einsetzen zu können wird gestärkt. Probleme gehen auf Abstand und machen Platz für Zufriedenheit und Ausgeglichenheit. Das Positve im Leben wird angezogen und täglich in Vitalität umgesetzt.

Schutzamulett

Herkunft: Das sechste Pentakel des Jupiters aus dem Clavicula Solomonis.

Symbole: Das Kreuz in der Mitte (Wegkreuz) zeigt in die vier Himmelsrichtungen. Die Namen auf den kreuzachsen entsprechen den Schutzgeistern; am Rand Anrufungen von Gottesnamen.

Bedeutungen als Talisman oder Amulett: Es dient zum Schutz vor allen irdischen Gefahren. Schützt vor Unfällen (auf Land, im Wasser und in der Luft) und Unglücken auf Reisen. Als Hilfe bei riskanten Unternehmungen. Wehrt bekannte und unbekannte Gegner ab.

Universalamulett

Symbole: Das Magische Quadrat mit der Fünf in der Mitte (Fünf=Mars=Gesundheit) mit den Quersummen Fünfzehn (=Natur); darunter der Siegel Samaels (Engel des Mars); um ihn herum die Planetenzeichen Saturn, Mars, Sonne, Venus, Merkur, Mond und Jupiter.

Bedeutungen als Talisman oder Amulett: Es unterstützt die Erneuerung und Regeneration des Körpers. Dient der Erholung, und der Sammlung neuer Kräfte. Schützt vor körperlichem Schaden. Das Amulett kann auch im Schlafzimmer aufgehängt werden.

Merkuramulett

Herkunft: Vierter Pentakel des Merkur aus dem Clavicula Solomonis.

Symbole: Im Zentrum steht der Gottesname EL. Die hebräischen Buchstaben (um den Zwölfstern herum) bilden den Satz: IHVH (»Mache das Flüchtige fest, und mögest Du den Nichtwürdigen Beschränkungen auferlegen« Der entsprechende lateinische Vers lautet: »Weisheit und Tugend sind in seinem Hause, und das Wissen um alle Dinge bleibt ihm für immer«)

Bedeutungen als Talisman oder Amulett: Wirkt sehr stark auf den Intellekt. Steigert die Lernfähigkeit und die Aufnahme von neuem Wissen. Konzentrationsfähigkeit und Aufnahmefähigkeit werden erhöht. Gute Hilfe in Lernphasen.

Merkuramulett des Paracelsus

Auf der Rückseite befindet sich ein magisches Zahlenquadrat (Quersummen 260). Auf der Vorderseite ein Engel mit einem Zepter in der rechten Hand. Unterstützt den leichten Zugang zur eigenen natürlichen Intelligenz. Unterstützt eine größere Beredtsamkeit. Die Lernfähigkeit und die Aufnahme von neuem Wissen wird gesteigert.

Merkurtalisman

Mittelalterlicher Talisman zur Beschwörung der Kräfte des Götterboten Merkur. Merkur entspricht dem griechischen Götterboten Hermes (Äskulapstab). Daneben die beiden alchemistischen Zeichen für Luft und Erde. Darunter die beiden Symbole für die astrologischen Sternzeichen Zwilling und Jungfrau. Der Talisman steht für Weisheit und Stärke, Intellekt und Lernfähigkeit.

Saturntalisman des Pythagoras

Auf der Rückseite befindet sich ein magisches Zahlenquadrat (Quersummen 15). Auf der Vorderseite sieht man einen Engel, der eine Sense schwingt und eine Sanduhr. Der Talisman steht für Kraft und Stärke, sowie für Erfolg.

Heptagramm

Symbole: Es symbolisiert die Einheit der sieben Welten und gilt als Stern der Liebe. Zusammengesetzt aus der himmlischen Drei und der irdischen Vier symbolisiert es den gesamten Menschen (irdischer Körper und göttliche Seele).

Bedeutungen als Talisman oder Amulett: schützt vor versteckten Gefahren; harmonisiert Liebe und Freundschaften; erhöht die Ausstrahlung von Schönheit und Anziehungskraft.

Amulett »Finsternis« (Sonne/Mond)

Symbole: Die Sonnen-Mondfinsternis galt schon immer als Vorzeichen großer Ereignisse.

Bedeutungen als Talisman oder Amulett: Dieses Amulett steht für positive und wohltuende Veränderungen; für neue Perspektiven und für neue erfolgreiche Aussichten im eigenen Leben.

Sonnenamulett

Herkunft: Das dritte Pentakel der Sonne aus dem Clavicula Solomonis.

Symbole: In der Mitte die Sonne, um sie herum angeordnet, die astrologischen Zeichen für die Planeten des Sonnensystems.

Bedeutungen als Talisman oder Amulett: Bringt Reichtum, Gesundheit und Zufriedenheit. Desweiteren stärkt es die Energie, gibt Lebensfreude, Selbstbewußtsein und einen klaren Geist. Es unterstützt Fortschritt und Erfolg in allen Lebenslagen. Außerdem steht es für harmonischen Kontakt zwischen den Menschen und hilft, privtat wie geschäftlich, Freundschaften zu schließen.

Sonnentalisman

Symbole: Magisches Hexagramm mit einer Sphinx in der Mitte

Bedeutungen als Talisman: Dieser Talisman gibt frische, jugendliche Energie und steigert die Lebensvitalität. Er verleiht Kraft, Zuversicht und Selbstbewußtsein.

Sonnentalisman des Pythagoras

Symbole: Auf der Rückseite befindet sich ein magisches Zahlenquadrat (Quersummen 111). Auf der Vorderseite sieht man einen König und über dessen Kopf eine Sonne. Zu seinen Füßen liegt ein Löwe.

Bedeutungen als Talisman: Dem Träger soll es Reichtum, Ruhm und den Respekt aller Menschen bringen. Es steht auch für harmonischen Kontakt zwischen den Menschen und hilft Freundschaften zu schließen.

Astrophos (Sonnenamulett)

Symbole: Diese Münze war mit sieben den Planeten entsprechenden , diese entsprechen Mineralien präpariert.

Bedeutungen als Talisman oder Amulett: Es hilft zu Wohlbefinden, Gesundheit und Glück zu finden und die Kräfte der Planeten zur eigenen Unterstützung anzuziehen.

Mondamulett

Herkunft: Erster Pentakel des Mondes aus dem Clavicula Solomonis.

Symbole: Das Pentakel ist die symbolische Darstellung eines Tores. Im Zentrum steht der Name IHVH. Jehova wird sowohl unter seinem Namen sowie unter verschiedenen Gottesnamen wiederholt angerufen Auf der linken Seite befinden sich die Namen Schioel, Vaol, Yashiell und Vehiel. Auf der rechten Seite stehen die Namen IHV, IHVH, AL und IHH. Der Vers auf den Seiten über den Namen stammt aus dem Psalm cvii, 16: »Denn Er zerbrach die ehernen Türen und sprengte die eisernen Riegel.«

Bedeutungen als Talisman oder Amulett: Dieses Amulett entfaltet die intuitive Seite des Menschen. Seine medialen Fähigkeiten können durch dieses Amulett verstärkt werden. Die Verbindung zum Unterbewußtsein wird erleichtert und gefördert. Begabungen im Bereich der Kunst, Dichtung, Musik und der Wahrsagerei werden verstärkt.

Mondtalisman des Pythagoras

Symbole: Auf der Rückseite befindet sich ein magisches Zahlenquadrat (Quersummen 369). Auf der Vorderseite sieht man eine Frau, die auf einem Halbmond steht. In der rechten Hand hält sie ebenfalls einen Halbmond.

Bedeutungen als Talisman: Der Talisman soll Schutz vor allen häufig vorkommenden Krankheiten geben. Er dient auch als starkes Schutzamulett auf allen Reisen und bewahrt seinen Träger vor Gefahren.

Fünfter Pentakel des Jupiter

Symbole: Auf der Rückseite des Amuletts befindet sich ein magisches Zahlenquadrat (Quersumme 15). Auf der Vorderseite sieht man einen Engel, der eine Sense schwingt.

Bedeutungen als Talisman oder Amulett: Das Amulett verstärkt die visionäre Innenschau und Intuition und hilft, Selbstverwirklichung und persönliche Freiheit zu kreieren. Er gibt seinem Träger Kraft und Stärke und verhilft ihm zum Erfolg.

Prognostikon

Herkunft: Prognostikon ist ein altgriechischer Zauberkreis (Pergamon 3. Jhdt.).

Symbole: Eine Vielzahl magischer Hieroglyphen und griechischer Buchstaben sind in konzentrischen Kreisen angeordnet. Die heilige Scheibe des Pergamon wurde im Mittelalter gerne als Muster für Tische von Wahrsagerinnen benutzt.

Bedeutungen als Talisman oder Amulett: Als Talisman dient er der Stärkung der Intuition und der Erweiterung hellseherischer Begabungen. Die weibliche, kreative Seite des Menschen soll aktiviert und ein besserer Zugang zum Unterbewußtsein geschaffen werden. Der Träger bekommt ein besseres Urteilsvermögen und seine Wahrnehmung in verschiedenen Ebenen wird geschult. Dieses Amulett hilft, Fehler zu vermeiden und verstärkt die Verbindungen mit dem Jenseits.

Bannamulett

Herkunft: Nicht genau zuzuordnen. Symbole aus vielen Kulturbereichen befinden sich auf diesem Amulett.

Symbole: Die 10 im inneren des Kreises steht als Symbol für weltliche Belange. Die Rune Algiz schützt vier Mal nach außen. Die Zahl Hundert steht in vier verschiedenen Schriften um die Zehn herum und im Außenbereich steht zwölf Mal das OM.

Bedeutungen als Talisman oder Amulett: Dieses Amulett soll vor magischen Angriffen jeder Art schützen. Es verhilft zur Lösung aus dem Bann alter Flüche und Verwünschungen. Es hilft, Angreifer auf Irrwege zu führen. Desweiteren soll es ein guter Schutz gegen Geister sein. Es bewahrt vor Albträumen und schenkt ruhigen Schlaf.

Geheimcode des Cagliostro

Herkunft: Entworfen von Alexander Graf Cagliostro, auch unter anderen Namen bekannt, ursprünglich jedoch Joseph Balsamo (1743-1795).

Symbole: Es ist ein Geheimcode oder Schlüssel und basiert auf dem Prinzip der Gematrie, des Notaricon und der Themura.

Bedeutungen als Talisman oder Amulett: Bannamulett für Zauberpraktiken (Flüche, magische Verwünschungen): Es dient der Umsetzung von Wünschen, Anrufungen und Beschwörungen. Hilft bei der Konzentration zur Ausführung magischer Rituale und schafft die Voraussetzung für deren positive Wirkungen.

Reichtum - Amulett (Mondpentakel)

Herkunft: Dieses Amulett entstammt dem hebräischen Buch Raziels.

Symbole: Der innere Kreis symbolisiert Glück, der Rombus Festigkeit. Die Zahl 10 befindet sich in verschiedenen Schriften und Sprachen auf dem Amulett. Es besteht aus Gold (Aurum).

Bedeutungen als Talisman oder Amulett: Es steht für Reichtum, Wohlstand und Wachstum. Es begünstigt die finanzielle Lage des Trägers. Es schützt aber auch vor Risiken, schlechten Investitionen und Verschwendung.

Geschäftsamulett

Herkunft: Dieses Amulett entstammt dem hebräischen Buch Raziel

Symbole: Auf dem Amulett befinden sich, in vier Abwandlungen, die hebräischen Zeichen (SLH). Sie bedeuten wörtlich »Zum reich werden gemacht«. Auch der Name Gottes YH = YHWH befindet sich auf dem Amulett.

Bedeutungen als Talisman oder Amulett: Der Talisman wurde früher gerne jungen Kaufleuten für einen guten Start ins Geschäftsleben geschenkt. Er sichert Gewinn und geschäftliches Wachstum und fördert den allgemeinen Erfolg im Geschäftsleben.

Magischer Kreis

Symbole: Im äußeren Kreis sind lateinische Anrufungen abgebildet (»Barmherzigkeit komme über uns Herr, wie wir auf Dich gehofft haben«). Die 4 steht für Jupiter oder den Gottvater, die 10 für die Erde (mit dem achtspeichigen Rad für deren unendlicher Umdrehung). Chesel (= 4); Sephirah; Hahetel (= Engelsname); Merkur (= Denker/ Kommunikation); Mars (= Kämpfer/Kampfkraft)

Bedeutungen als Talisman oder Amulett: Stärkt die Intuition, vor allem in geschäftlichen Angelegenheiten. Hilft, richtige Entscheidungen im Geschäftsleben zu treffen, Erfolg anzuziehen und das Vermögen zu vermehren.

Viertel Pentakel der Venus

Herkunft: Aus dem Buch Clavicula Solomonis.

Symbole: An den vier Ecken des Abbildes stehen die Namen IHVH. Die anderen Buchstaben bilden die Namen der Geister der Venus (Schii, Eli, Ayib)

Bedeutungen als Talisman oder Amulett: Kontakte zu anderen Menschen werden erleichtert. Intuition und Einfühlungsvermögen werden gefördert.

Septakel/Septagramm

Herkunft: Sehr altes mythologisches kabbalistisches Symbol aus verschiedenen Kulturen.

Symbole: Symbol der Unendlichkeit – ohne Anfang und ohne Ende. Es symbolisiert die magische Zahl Sieben. (Sieben Planeten, sieben alchimistische Metalle, sieben reine Elemente, sieben Wochentage).

Bedeutungen als Talisman oder Amulett: Das Septakel wird als starkes Schutzamulett benutzt und in Ritualen eingesetzt.

Rosenkreuz

Herkunft: Nach Christian Rosenkreuz (1378-1484), Ordensgründer des Golden Dawn Ordens.

Symbole: Die Verbindung Rose mit Kreuz ist das Symbol für Auferstehung und Erlösung. Es symbolisiert die 22 Buchstaben des hebräischen Alphabet und die 22 Pfade des Lebensbaumes.

Bedeutungen als Talisman oder Amulett: Das Rosenkreuz ist der mystische Schlüssel zur Intuition und zur magischen Transformation auf dem Pfad zur höheren Magie.

Athame

Herkunft: Zeremonienmesser der Hexen; Früher ein kleiner handlicher Dolch; Vorgänger des Schwertes.

Symbole: Ritualdolch zur Anrufung übersinnlicher Kräfte

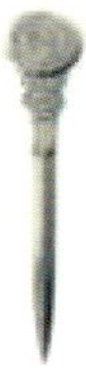

Bedeutungen als Talisman oder Amulett: Er soll geistige Helfer herbeirufen. Stärkt die eigenen Energien zur Erfüllung und richtigen Lenkung von Wünschen und geistigen Zielvorgaben.

Hexenauge

Symbol: Magisches Ritualamulett.

Bedeutungen als Talisman oder Amulett: Hilft Unsichtbares wieder sichtbar und Unhörbares wieder hörbar zu machen. Schützt vor magischen Angriffen.

Baphomet

Herkunft: Es gibt eine These die besagt, daß die Templer in Palästina die Überreste des enthaupteten Schädels von Johannes dem Täufer fanden. Der Namen Baphomet könnte eine Ableitung von Baphi-Meta, altgriechisch für »Taufe« und »Wissen« sein. Es könnte aber auch eine Abkürzung sein, die man aus den rückwärts gelesenen, ersten Buchstaben des Satzes »Templum omnium komnium pacis abbas« erhält: »TemO-H-P-AB«. (Symbolik des Templerordens)

Symbole: Verkörperung der Dualität des Seins.

Bedeutungen als Talisman oder Amulett: Es symbolisiert die Vollkommenheit der Natur: Alles ist in Allem enthalten.

Magisches Sechseck

Herkunft: Nicht näher bekannt.

Symbole: Es verbindet die Elemente von Tag und Nacht.

Bedeutungen als Talisman oder Amulett: Steht für Kraft, Energie, Lebensfreude, Selbstwertgefühl und Selbstbewußtsein. Hilft, Erfolg auf materieller Ebene zu erlangen und klare Gedanken zu bewahren.

Bannamulett der Zigeuner

Herkunft: Mittelalterliches Amulett.

Bedeutungen als Talisman oder Amulett: Es soll vor Hexerei, Eifersucht, Flüchen und dem bösen Blick schützen.

Frauen und Göttinnen Amulette

Göttin allgemein

Herkunft: Göttinnen in jeder Form werden in allen Kulturkreisen schon seit Jahrtausenden verehrt.

Symbole: Die Göttin symbolisiert die weiblichen Eigenschaften der Welt. Die Göttin offenbart sich dreifach. Als Jungfrau hütet sie die Geburt und das Wachstum, sie ist rein und frei (weiße Göttin). Als Geliebte ist sie die Verführerin und symbolisiert Lebenslust, Weiblichkeit und Sexualität und alle mütterliche Pflichten, sie ist dabei nicht Objekt sondern handelnde und bestimmende Frau (rote Göttin). Als Greisin fordert sie Opfer und Tod und symbolisiert somit wieder neues Leben (schwarze Göttin).

Bedeutungen als Talisman oder Amulett: Fördert und verstärkt die Liebe zu allen Wesen und zur Natur, das Leben der eigenen Weiblichkeit und Sexualität, das Fließen der Kräfte, die Würde und Macht der Heilerin und die Kraft der Intuition.

Spiralgöttin

Herkunft: Diese Göttin ist mit dem Ursymbol des Lebens verbunden. Abbildungen dieser Göttin wurden schon vor über 25.000 Jahren hergestellt.

Symbole: Die Spirale ist das stärkste Symbol für Lebenskraft im Kosmos. Angefangen von den Spiralnebeln im Universum bis hin zur DNS Spirale symbolisieren sie das Wachstum des Lebens.

Bedeutungen als Talisman oder Amulett: Fördert und verstärkt die Lebenskraft, sexuelles Erwachen, innere Entwicklung, Fruchtbarkeit und Leben. Hilft, die Fähigkeit, Entscheidungen zu treffen und umzusetzen, zu verstärken. Für Geist und Materie, Licht und Form, göttliche Führung, Erfolg und Fülle im Leben.

Gaia

Herkunft: Gaia stammt aus dem griechischen und bedeutet Erde. Gaia ist die große Göttin in Form der lebenspendende Mutter.

Symbole: Sie symbolisiert die Erde und alles Leben auf der Erde. Gaia ist Fruchtbarkeit und Reinheit zugleich; der Beginn des Lebens und des Wachstums.

Bedeutungen als Talisman oder Amulett: Für Treue, Beständigkeit, Ruhe, Frauenstärke, Frauenkraft.

Naturgöttin

Herkunft: Artemis/Diana galten als Naturgöttinnen, Göttinnen der Ernte.

Symbole: Sie herrschte über Geburt, Leben und Tod der Natur. Sie symbolisiert die üppige, lebensfreudige Kraft und die Fülle der sich selbst überlassenen Natur.

Bedeutungen als Talisman oder Amulett: Für ein langes Leben und Gesundheit; sorgt dafür, daß Gefühle ausgelebt werden können.

Mondgöttin

Herkunft: Die Mondgöttin ist die Verkörperung des Mondes in fast allen Kulturen.

Symbole: Der Mond symbolisiert das Rad des ewigen Lebens, die ewige Folge von Geburt, Tod und Wiedergeburt. Der Mond bestimmt u.a. den Menstruationszyklus; man nennt diese Zeit deshalb auch Mondtage.

Bedeutungen als Talisman oder Amulett: Es steht für das unbändige, unzähmbare Heranwachsen des Lebens, des stetigen Wachstums, der Weiblichkeit, der Fruchtbarkeit, der weiblichen Sexualität und der Liebe.

Mondphasen

Symbole: Der zunehmende Mond entspricht der Jungfrau, der Vollmond der Mutter/Liebhaberin/Gattin und der abnehmende Mond der Greisin. Sie symbolisieren den Zyklus von Wachstum und Entwicklung.

Bedeutungen als Talisman oder Amulett: Wachstum, Leben, Fruchtbarkeit, Weiblichkeit.

Mondpentagramm

Herkunft: Vereintes Symbol göttlicher Macht und Weiblichkeit.

Bedeutungen als Talisman oder Amulett: Physische Kraft, Schutzsymbol für moderne Hexen.

Inanna

Herkunft: Sumerische Göttin Inanna (Isthar) = Nin-anna = »Herrin des Himmels«. Sie ist die Göttin der Liebe, des Geschlechtslebens und der Fruchtbarkeit, auch die Göttin des Krieges.

Symbole: Fruchtbarkeitsgöttin (meist nackt dargestellt); Sinnbild des ewig Weiblichen. Die Kraft der Erotik und Sexualität. Sie symbolisiert die Freiheit der Frau im Kampf um das eigene Wollen und Handeln. Kriegerin für das Weibliche ohne den Einfluß des Mannes.

Bedeutungen als Talisman oder Amulett: Die Macht der Liebe und Lebensfreude; Zur Unterstützung der Sexualmagie. Fördert die Kraft, Freude und Lust und aktiviert die weiblich-erotische Seite.

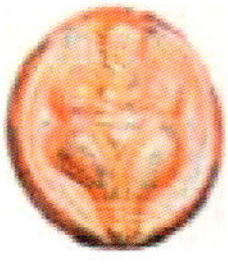

Venus

Herkunft: Venus (lat. Anmut, Schönheit): Göttin der Liebe, der Fruchtbarkeit und der vollendeten Schönheit. Vorher Göttin des Frühlings, der Gärten, der Vegetation. Sie ist auch die Göttin der Kunst und der Kreativität und des Friedens und der Harmonie.

Symbole: Die Mythologie erzählt, daß Venus aus den Schaumkronen des Meeres hervorgegangen ist. Sie wird deshalb oft in einer Muschel (Venusmuschel), mit Meereskronen umwogen, dargestellt.

Bedeutungen als Talisman oder Amulett: Sie steht für Kreativität, schöne Künste, Sinnlichkeit, Fruchtbarkeit, Schönheit, und Sexualität.

Venus von Willedorf

Herkunft: Diese Venusfigur ist 35 000 Jahre alt und erfreut sich größter Beliebtheit (Urmutterfgur). Gefunden wurde sie 1908 in Wachau.

Symbole: Sie wird nackt und ohne Gesicht und mit überbetonten sekundären Geschlechtsmerkmalen dargestellt. Sie ist das Mutteridol und symbolisiert die Erdgöttin – den weiblichen Schoß aus dem alles Leben entspringt.

Bedeutungen als Talisman oder Amulett: Lebenskraft, Überfluß, Reichtum, Fruchtbarkeit und Ursprünglichkeit.

Hathor

Herkunft: Die ägyptische Göttin Hathor (auch Het-Hert, Hetheru), ist Schützerin des Himmels, der Sonne, des Mondes, des Ostens, der Feuchtigkeit, Fruchtbarkeit und der Schwangeren. Sie ist Göttin der Musik, des Tanzes und der Kunst.

Symbole: Als Kopfschmuck trägt sie die Hörner des Mondes und die Sonnenscheibe als Symbol für den Wandel. Sie beherrscht die Umwandlung der Gegensätze und verwandelt Finsternis in Licht.

Bedeutungen als Talisman oder Amulett: Musik, Dichtung, leidenschaftlicher Tanz, Künste und Ausdruck, der Freude und des Gesanges. Schützt alle weiblichen Wesen.

Spiralen und Labyrinthe

Spirale

Herkunft: Beliebtes Motiv in fast allen Kulturen bereits vorgeschichtlichen Ursprungs. Natürliches Motiv in der Natur und im Kosmos (Sternennebel, DNS-Spirale, Keime, Blätter von Pflanzen und Farnen)

Symbole: Die Spirale ist das Symbol für Entwicklung, für Wachstum und Erneuerung. Sie symbolisiert die Unvergänglichkeit des Lebens, die Bewegung von Evolution im gesamten Kosmos mit Tod und Wiedergeburt. Die mystische Bewegung, die von Gott zum Menschen geht und vom Menschen wieder zu Gott.

Bedeutungen als Talisman oder Amulett: Fruchtbarkeit; Erneuerung; Lebenskraft; Wachstum; Rechtsdrehende Spiralen dienen der Energie-Aufladung, linksdrehende der Energie-Entladung.

Labyrinth

Herkunft: Labyrinthe kamen in der Frühzeit als Stein- oder Rasenlabyrinthe in fast allen Kulturen vor.

Symbole: Fußbodenlabyrinthe galten als heilige bzw. magische oder geomantische Linien, die meditativ und mit Konzentration gegangen wurden, um Einkehr und Erleuchtung zu erlangen. Sie galten auch als Einweihungspfade und dienten der Seelenreise.

Bedeutungen als Talisman oder Amulett: Zur Meditation und inneren Einkehr; für Astralprojektionen und Seelenreisen; zur Findung des inneren Selbst. Stärkt das Konzentrationsvermögen.

Labyrinth von Chartres

Herkunft: Bodenlabyrinth in der Kathedrale von Chartres (erbaut 1200 n.Chr.).

Symbole: Das bekannteste, geomantisch stärkste Bodenlabyrinth.

Bedeutungen als Talisman oder Amulett: Zum Energetisieren und Aufladen des Körpers. Zur Kräftigung bei Krankheiten psychischer und physischer Natur. Schützt den träger vor bösen Mächten.

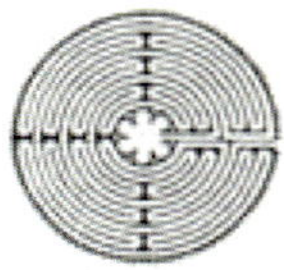

Labyrinth von Amiens

Herkunft: Bodenlabyrinth in der Kathedrale von Amiens (erbaut 1220 - 1250 n.Chr.).

Symbole: Das Achteck symbolisiert Auferstehung und Wiedergeburt. Das Abschreiten des Symbols diente als Ersatz für eine christliche Pilgerreise

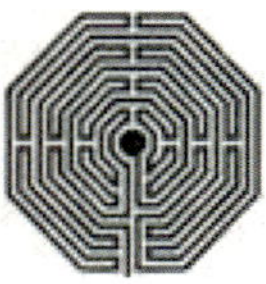

Bedeutungen als Talisman oder Amulett: Zur Meditation und zur Eneuerung; Hilft bei Astralreisen; zur Begegnung mit dem eigenen Selbst.

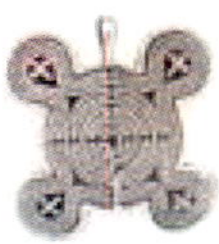

Labyrinth von Reims

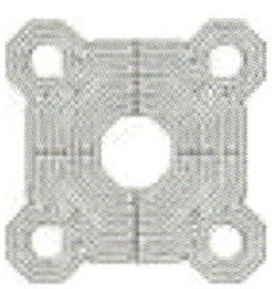

Herkunft: Bodenlabyrinth in der Kathedrale von Reims um 1290 n. Chr.

Bedeutungen als Talisman oder Amulett: Zur Ruhe und Besinnung zur Unterstützung der Meditation.

Labyrinth von Kreta • Tamil Nadu • Uto

Herkunft: Diese Labyrinthe aus verschieden Kulturkreisen und Epochen sehen sich sehr ähnlich.

Symbole: Diese Labyrinthe symbolisierten den Übergang vom Diesseits ins Jenseits und wurden oft für Ritualtänze benutzt.

Bedeutungen als Talisman oder Amulett: Unterstützt den Träger bei der Selbstfindung.

Blume des Lebens

Herkunft: Geometrisches Urmuster; Grundmuster der Schöpfung.

Symbole: Gott wird als Kreis in der Mitte dargestellt, in gleichen Abständen sind 19 weitere Kreise konzentrisch angeordnet (die Entfaltung Gottes in das Universum).

Bedeutungen als Talisman oder Amulett: Reinheit, göttliche Kraft, Licht. Dient der Energetisierung, Aufladung und Harmonisierung. Unterstützt den Träger bei Regeneration und Heilung von Körper und Seele.

Kosmogramm

Herkunft: Das Kosmogramm wird auch als Horoskop bezeichnet. Kosmos = Ordnung.

Symbole: Symbolisiert die Ganzheit des Menschen, seinen Lebensantrieb und das Ordnungsbild seiner Seele.

Bedeutungen als Talisman oder Amulett: Unterstützt die Selbsterkenntnis und die Festigung des eigenen Selbst.

Ägyptische Talismane und Amulette

Ankh

Herkunft: Das Ankh (auch Anch, Henkelkreuz, Crux Ansata) ist eine uralte ägyptische Hieroglyphe.

Symbole: Das Ankh ist das Bild der aufgehenden Sonne über dem Kreuz der Materie. Es symbolisiert die Vereinigung des männlichen und weiblichen Prinzip und ist auch ein Symbol der Unsterblichkeit.

Bedeutungen als Talisman oder Amulett: Symbol des Göttlichen, des ewigen Lebens und der Urkraft; es steht für Fruchtbarkeit, für die Kraft der Regeneration und der Wiedergeburt. Dem Träger wird Lebenskraft und Energie geschenkt. Es soll ihn vor negativen Einflüssen und Krankheiten bewahren.

Horusauge

Herkunft: Das Horusauge (auch Udjat = das Heile) ist eine uralte ägyptische Hieroglyphe.

Symbole: In einem Götterkampf mit Seth verlor Horus sein linkes »Mondauge«. Dieses wurde von Gott Toth wieder geheilt und danach von Horus benutzt um seinen Gottvater Osiris, der bei dem Götterkampf starb, wieder zum Leben zu erwecken. Das Horusauge ist seitdem das Symbol der ewigen Erneuerung.

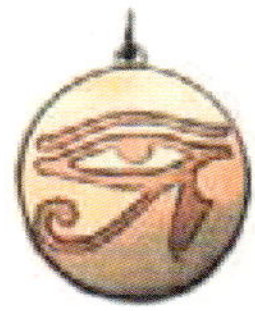

Bedeutungen als Talisman oder Amulett: Das Horusauge dient als Symbol für alles, was vervollständigt und geheilt werden muß und es verleiht Schutz, Vollkommenheit und Macht. Es soll die Gesundheit erhalten und die Lebenskraft erneuern und bewahrt uns vor geistiger Blindheit.

Isis

Herkunft: Beflügelte Isis; Herrin des Himmels. Sie ist Schwester und Gemahlin des Gottes Osiris und Mutter des Gottes Horus (ägypt. »Große Mutter«).

Symbole: Isis gilt als höchste ägyptische Göttin. Sie ist das ägyptische Symbol der Weiblichkeit und verfügt über heiliges und kraftvolles Wissen. Ihr untersteht der Magie. Sie wird oftmals auch als schlanke Frau dargestellt, über deren Kopf sich das legendäre Isis Auge, bzw. das Auge der Isis befindet.

Bedeutungen als Talisman oder Amulett: Schutzamulett aller Magier und Hexen; gibt magische Inspiration und hilft Wünsche und Sehnsüchte bewußt werden zu lassen. Sie unterstützt unsere Vorstellungskraft und Beobachtungsfähigkeit. Sie kann unterdrückte Gefühle wieder zum Vorschein bringen.

Osiris

Herkunft: Gott (Totengott) Osiris war der Regent und Richter der Unterwelt. Gott des Vegetationsrhythmus und des Bieres.

Symbole: Osiris trägt die heilige weiße Krone Oberägyptens. Er hält Krummstab und Peitsche in seinen Händen.

Bedeutungen als Talisman oder Amulett: Es steht für gute Urteilskraft. Kann die zerbrochene Ordnung wieder herstellen. Das Amulett steht für Leben und Wiedergeburt, Transformation und Lebenskraft.

Horus

Herkunft: Horus ist seit frühen Zeiten einer der bedeutendsten Götter Ägyptens. Er ist der Sohn von Osiris und der Isis. Man nennt ihn auch den Falkengott (Weltgott).

Symbole: Lichtgott, dessen Augen Sonne und Mond bilden. Als falkengestaltiger Weltgott überspannt er mit seinen Flügeln den Himmel und das Reich von Ober- und Unterägypten und umfängt so auch den König. Er ist der Schutzgott des Pharaos.

Bedeutungen als Talisman oder Amulett: Starkes Schutzamulett; Zeichen des Allwissen, auch der Unverletzlichkeit und ewiger Fruchtbarkeit. Hilft die Gesundheit zu bewahren und Lebenskraft zu erneuern. Hilft, anderen auf den Grund des Herzens zu sehen.

Bast (Bastet)

Herkunft: Ägyptische Katzengöttin, Mutter aller Katzen. In Ägypten galten sie als die heiligsten Tiere. Bastet wurde als die Mutter des Löwengottes Mahes betrachtet und in einigen Überlieferungen als die Mutter Nefertems oder Anubis. Sie gilt als die Göttin der Fruchtbarkeit.

Symbole: Sie wird meist mit dem Kopf einer Löwin dargestellt.

Bedeutungen als Talisman oder Amulett: Für Liebe und Glück; für die weibliche Seite im Menschen. Verkörpert die guten Seiten der Sonnenkraft.

Anubis

Herkunft: Totengott der Ägypter (vor Osiris). Beim Totengericht hat er die Aufgabe, das Wiegen der Herzen der Verstorbenen zu überwachen. Außerdem führt er die Seelen der Verstorbenen sicher durch die Unterwelt.

Symbole: Er hat den Kopf eines Hundes oder Schakals.

Bedeutungen als Talisman oder Amulett: Dieses Amulett kann lebensverstärkende, feinstoffliche Energien liefern. Anubis steht für das Ziel und die Führung auf der Reise des Lebens.

Wadjet

Herkunft: Ägyptische Schlangengöttin.

Symbole: Sie wird meist als Schlange oder als Frauengestalt mit der Krone Unterägyptens abgebildet. Wadjet verweilte meist auf der Stirn von Pharaonen und Göttern, um sie vor allem Übel zu bewahren und sie zur Weisheit zu bringen.

Bedeutungen als Talisman oder Amulett: Schützt vor Feinden. Bewahrt vor allem Negativen. Bringt Weisheit und Fruchtbarkeit.

Skarabäus

Herkunft: Ägypt.= Cheper, nach dem Sonnengottes Chepri. Altes ägyptisches Schutzsymbol.

Symbole: Der Skarabäus ist ein Symbol des Gottes Khephera, einer Sonnengottheit, die den Sonnenball über den Himmel rollt. Skarabäus war das Sinnbild der Wiedergeburt. Der »Herzskarabäus« wurde bei einigen Mumien, als Zeichen der Wiedergeburt, an die Stelle des Herzens gelegt. Die »Herzskarabäen« sind aus Jaspis oder grünem Stein. Grün ist die Symbolfarbe für Wiedergeburt. Auf ihrer flachen Seite steht meist eine Formel aus dem Totenbuch.

Bedeutungen als Talisman oder Amulett: Das Skarabäusamulett verschafft dem Träger den Schutz der Sonne und ihrer schöpferischen Lebenskraft. Für Mut, Glück und Schutz vor bösen Kräften. Desweiteren wird dem Skarabäus nachgesagt, daß er »Geld ins Haus« bringe.

Djed-Pfeiler

Herkunft: Ägypten, 12. Dynastie, um 1800 v. Chr.

Symbole: Amulett oder Symbol in Form eines, mit drei oder vier horizontalen Segmenten, gekrönten Pfahls. Sie werden manchmal als Rückgrat des Osiris angedeutet.

Bedeutungen als Talisman oder Amulett: Der Djed-Pfeiler symbolisiert die Dauer und die Stabilität. Er ist ein Zeichen für Macht. In der Ägyptologie gilt er als Symbol für Kraft und Beständigkeit. Er ist ein Symbol der Ewigkeit.

Königlicher ägyptischer Geier

Herkunft: Altes oberägyptisches heiliges Tier.
Symbole: Ein Geier, der das Schild der Sonne hält.
Bedeutungen als Talisman oder Amulett: Zur seelischen Gesundheit. Er führt den Träger ins Paradies. Das Amulett transformiert das Böse in Gutes.

Eheamulett

Herkunft: Amenhotepus III.
Symbole: Es stellt eine rituelle und magische Geste dar, sie bedeutet Abschirmung und Zusammenhalt.
Bedeutungen als Talisman oder Amulett: Das Amulett steht für die Dauerhaftigkeit und Stabilität in einer Beziehung. sowie für gegenseitige Unterstützung, Harmonie, Verständnis und Treue.

Cleopatras Liebeskartusche

Herkunft: Ägyptisches Hyroglyphenamulett.
Bedeutungen als Talisman oder Amulett: Zur Stärkung der inneren Schönheit, des Charismas und der Ausstrahlung. Es begünstigt Freundschaft und Liebe.

Mumienmedaillon

Herkunft: Die Mumifizierung war ein ägyptische Ritual, um den physischen Körper nach dem Tode zu bewahren.
Symbole: Gefülltes Medaillon mit Schriftrolle
Bedeutungen als Talisman oder Amulett: Schutzt vor versteckten Gefahren.

Maori Amulette

Koru-Spirale

Herkunft: Die Koru-Spirale ist ein häufiges Motiv der Schmuck- und Tätowierkunst neuseeländischer Maori-Männer.

Symbole: Diese Muster sind nicht nur Schmuck, sondern vorallem Zeichen für Familientradition, Macht und Mut eines Kriegers. Koru ist das Maori-Wort für: »Ein Farn der noch nicht entrollt ist«.

Bedeutungen als Talisman oder Amulett: Diese Amulett steht für Neubeginn, Frieden, Harmonie und Wachstum

Circle (Kreis)

Herkunft: Maori-Motiv in Schmuck- und Tätowierkunst.

Symbole: Geschlossener Kreis (Kreis des Lebens).

Bedeutungen als Talisman oder Amulett: Der Kreis wird häufig dazu verwendet, Elemente, wie das Koru zu umgeben. So wird die Verbindung zu neuem Leben und der Lieber symbolisiert.

Wal (Walflosse)

Herkunft: Vor Tausenden von Jahren ging der Halbgott Maui auf Fischfang in seinem Boot (Waka). Am Haken hing ein riesiger Fisch. Aus diesem Fisch wurde die Nordinsel Neuseelands und aus Maui's Boot die Südinsel. So der Schöpfungsmythos der Maoris. Die Polynesier waren großartige Navigatoren – sie durchquerten den Pazifik in einfachen Auslegerbooten, den Strömungen, Sternen und Walen folgend. (Sie kamen vor etwa 1200 Jahren nach Neuseeland.)

Bedeutungen als Talisman oder Amulett: Schutz und Beistand. Gute Führung durch ungewisse Zeiten.

Absender

Name: ....

Vorname: ....

Strasse: ....

PLZ, Ort: ....

Geburtsdatum: .... Beruf: ....

Telefon: ....

*E-Mail: .... @ ....

*Kann jederzeit abbestellt werden!

Bitte senden Sie mir:

- ☐ Schirner Verlag Katalog
- ☐ Schirner Verlag Newsletter (nur als E-Mail)*
- ☐ Seminar Szene (Veranstaltungsprogramm)
- ☐ Seminar Szene Newsletter (nur als E-Mail)*
- ☐ Interessengruppen und Gleichgesinnte

Folgende Themen interessieren mich besonders:

....

....

Alle Angaben werden vertraulich behandelt.

Bitte freimachen

Schirner Verlag
Zerninstrasse 7

D-64297 Darmstadt

Twist (Spirale)

Herkunft: Maori-Motiv in Schmuck- und Tätowierkunst.
Symbole: Kreuzform (ähnlich Lemniskate).
Bedeutungen als Talisman oder Amulett: Sie steht für die vielen Wege des Lebens und der Liebe. Die Kreuzung im Symbol steht für die Freundschaft und Bindung zu anderen Menschen.

Hei Matau (Haken)

Herkunft: Maori-Motiv in Schmuck- und Tätowierkunst.
Symbole: Angelhaken.
Bedeutungen als Talisman oder Amulett: Fördert die Willenskraft; für Unterstützung und Festigung. Hilft bei der Sicherung des Wohlstandes. Desweiteren steht er für den Frieden und hilft, eine Reise über dem Wasser, sicher zu bestehen.

Tiki

Herkunft: Maori-Motiv in Schmuck- und Tätowierkunst. Er symbolisiert den Ersten Menschen. Dieser Maori-Adam wurde durch Ahnenverehrung zu einem Halbgott.
Symbole: Der Tiki wird als Lehrer aller Dinge respektiert. Tiki ist nach den Überlieferungen der Maori, der Name für die Zeugungskraft und das Sexualorgan des Gottes Tane, welcher als der Schöpfer der ersten Frau gilt.
Bedeutungen als Talisman oder Amulett: Dem Träger dieses Amuletts wird die Klarheit des Gedankens und der Loyalität, sowie großes inneres Wissen nachgesagt.

Nordische Talismane und Amulette

Thor

Herkunft: Germanischer Donner-, Gewitter- und Fruchtbarkeitsgott, Beschützer der Menschen und der Götter vor den Riesen (südgerm. Donar oder Donner;).

Symbole: Dorn (Rune) ist das Zeichen von Thor, dem starken Gott mit seinem Hammer Mjöllnir. Er steht für die Stunde der Tat. Er ist der stärkste aller Götter und Menschen. Er ist der Gewitter- und Wettergott (bei den Seefahrern) und der Fruchtbarkeitsgott (bei den Bauern), der große Beschützer Midgards.

Bedeutungen als Talisman oder Amulett: Für Ehrlichkeit, Treue, Zuverlässigkeit, Kraft, Klugheit und impulsives Handeln und Spontanität

Thorhammer (Mjöllnir)

Herkunft: Thors Hammer wurde von Sindri dem Zwerg geschmiedet. Sein Stiel ist zu kurz, weil Brock, Sindris Bruder, der den Blasebalg betätigte, von einer Bremse gestochen und abgelenkt wurde und so der Luftstrom für kurze Zeit unterbrochen wurde. Kaum etwas kann der Kraft des Hammers widerstehen. Er kehrt immer wieder zu seinem Werfer zurück und ist somit ein Sinnbild der unverbrauchbaren und unzerstörbaren Lebenskraft der Natur. Er lähmt die Feinde des Trägers. Er ist das wichtigste nordische Symbol.

Symbole: Der Thorhammer ist das Zeichen, das am häufigsten auf Steinen und Runenschriften zu finden ist. Auch auf Felszeichnungen und hauptsächlich auf Grabmälern,

um die Ruhe des Verstorbenen zu sichern, ist häufig abgebildet. Er wird als Zeichen des Glaubens an die alten Götter getragen. Der Thorhammer wurde von den Heiden als Zeichen des Protests gegen den christlichen Brauch, Kreuze zu tragen, als Amulett getragen.

Bedeutungen als Talisman oder Amulett: Er verteidigt gegen böse Angriffe jeder Art. Er schützt vor Gefahren und Übel und sorgt für mächtige Unterstützung und freien Energiefluß.

Thor Wolfskreuz

Symbole: Verbindung von Kreuz und Thorhammer. Sie sind in einem offenen Kreuz innerhalb des Kreuzes verknüpft und versinnbildlichen die Lebenskraft der Sonne. Der Wolfskopf stellt den Respekt für animalische Schläue dar.

Bedeutungen als Talisman oder Amulett: Für Vitalität und Schläue.

Drachenkrieger Amulett

Bedeutungen als Talisman oder Amulett: Steht für ritterliche Ehre und Tugend, Unerschütterlichkeit und Sieg.

Gnostiker Kreuz

Herkunft: Das Gnostiker Kreuz ist dem Donnergott Thor gewidmet.

Symbole: Das Fylfot (Gnostikerkreuz) aus unendlichem Knotenwerk ist mit dem Thorshammer verbunden und symbolisiert dessen Kraft. Es ist ein altes Zeichen für die Stärke, Ausdauer, Kraft und Gewalt der Sonne.

Bedeutungen als Talisman oder Amulett: Symbol zur Stärkung der persönlichen Energie und natürlichen Fähigkeiten.

Sonnenrad

Herkunft: In der gesamten nordischen Welt, wurden von alters her Sonnenräder in Felszeichnungen dargestellt und als Schmuck getragen.

Symbole: Das Sonnenrad symbolisiert die Wichtigkeit der Sonne für die Landwirtschaft und ihre traditionelle Verbindung mit dem wertvollen Metall Gold.

Bedeutungen als Talisman oder Amulett: Es soll Reichtum, Erfolg und Wohlstand im Überfluß sichern.

Trefot

Herkunft: Nordisches Triskell.

Symbole: Diese drei Spiralen kontinuierlicher Bewegung symbolisieren die drei Reiche des Seins.

Bedeutungen als Talisman oder Amulett: Für das Erreichen der eigenen Ziele

Swastika

Herkunft: Dieses Symbol wurde auf vorgeschichtlichen Relikten und religiösen Bildern in fast allen Ländern der Welt gefunden und gehört wohl nicht zu einer speziellen Kultur. Es ist den meisten Menschen durch seinen Mißbrauch im Dritten Reich bekannt. Im nordischen wurde das Swastika als Symbol »Sonnenrad«, »Thors Hammer« oder als Runen-Zeichen »Wolfsangel benutzt.

Symbole: Es gibt zwei Typen der Swastika: Die rechts weisende Sonnen-Swastika (= Pfad der Rechten Hand des Gottes) und die links weisende Mond-Swastika (= Pfad der Linken Hand der Göttin). Das männliche Sonnen-Swastika steht für die Frühjahreshälfte (zunehmende Sonnenkraft) und das weibliche Mond-Swastika für die Herbstjahreshälfte (abnehmende Sonnenkraft).

Uroborus

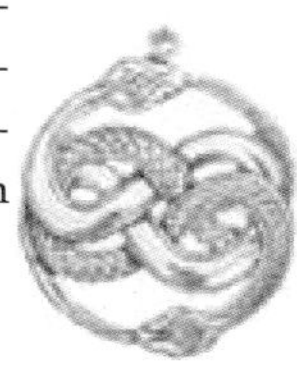

Herkunft: Uraltes nordisches Symbol, auch Schlangenring genannt.

Symbole: Eine Schlange (Mitgardschlange), die sich selbst in den Schwanz beißt. Sie symbolisiert, kosmisch und psychisch, das Ende und den Neuanfang zugleich. Sie ist ein Symbol der Ewigkeit.

Bedeutungen als Talisman oder Amulett: Klugheit, Unendlichkeit, Wandlung und Auferstehung, ewige Wiederkehr, Wiederholung, dauerende Zyklen, Ewigkeit. Es symbolisiert die Sicherheit im Leben und hilft beim Erreichen von langfristigen Unternehmungen.

Wikingerschiff/Langboot Amulett

Herkunft: Uraltes nordisches Schiffssymbol.
Symbole: Wikingerschiff mit Drachenkopfbug.
Bedeutungen als Talisman oder Amulett: Schutz bei Reisen – auch für Reisen zwischen den Welten. Bewahrt vor Unheil und Unglück.

Nordische Schwerter

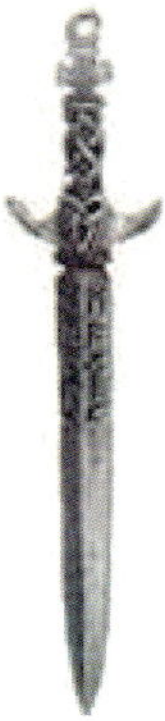

Herkunft: Diese Schwerter wurden schon in der Bronzezeit hergestellt.
Symbole: Meist sind sie symbolisches Attribut von Göttern oder Engeln. Verschieden Sagengestalten tragen oft magische und wunderwirkende Schwerter bei sich, diese erlangen auch oft alleine Berühmtheit. Es wird beschrieben, daß die Seele des Kämpfers in das Schwert übergeht.
Bedeutungen als Talisman oder Amulett: Es steht für Tatkraft, Handlung, Durchsetzung, Freiheit, Macht, Ordnung und Gerechtigkeit.

Highlandschwert

Bedeutungen als Talisman oder Amulett: Stärke, Kraft, Intellekt, Tat-und Willenskraft.

Glastenburyschwert

Bedeutungen als Talisman oder Amulett: Steht für Fortschritt und Erfolg.

Jötun Schwert

Herkunft: Rieserasse der Jötun.
Bedeutungen als Talisman oder Amulett: Steht für Wahrheit und Unbesiegbarkeit.

Odins Schwert

Herkunft: Odins Zauberschwert.
Bedeutungen als Talisman oder Amulett: Es soll den Geist und den Körper schützen und ihn vor Unglück – Zuhause und auf Reisen – bewahren. Schützt vor Krankheit und Unfall

Wikingerschwert

Herkunft: Nachbildung eines alten Wikingerschwertes.
Bedeutungen als Talisman oder Amulett: Es steht für Stärke, Kraft, Intellekt, Tat-und Willenskraft.

Elvinamulett

Symbole: Odin‘s Speer, (es verfehlt nie sein Ziel) und die Flügel des Falken der Göttin Freya sind vereint in einem Kreisamulett.
Bedeutungen als Talisman oder Amulett: Der Träger soll seine Ziele finden.

Axt und Doppelaxt

Herkunft: Uraltes Symbol aus vielen Kulturkreisen. Die Kriegsaxt war einst die Hauptwaffe der nordeuropäischen Völker.

Symbole: Die Axt symbolisiert ein göttliches Wesen, einen Häuptling oder einen Krieger. Sie ist das Sonnensymbol der Himmelsgötter. Sie steht für Macht, Donner und Schöpferkraft. Die Doppelaxt symbolisiert die Vereinigung des Himmelsgottes und der Erdgöttin.

Bedeutungen als Talisman oder Amulett: Die Axt gibt Schutz, symbolisiert Macht und Würde, unterstützt Charakterstärke, Edelmut und Gerechtigkeit. Für den spirituellen Krieger symbolisiert sie die Allmacht seines Geistes, mit ihr zerschneidet er die Schleier des Ego, um in den wahren Urgrund des Seins zu schauen. Sie steht für Stärke, Sieg und Veränderung.

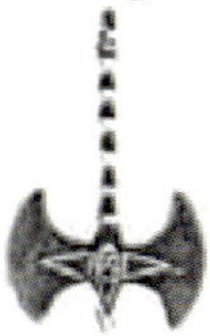

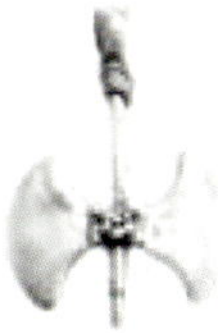

Frigg

Herkunft: Göttermutter der Asen, Gattin Odins, Göttin und Schützerin der verheirateten Frauen; Liebesgöttin; Göttin der Fruchtbarkeit; Schutzgöttin des Lebens und der Ehe.

Symbole: Sie symbolisiert die fraulichen Eigenschaften der Hausfrau und Mutter Frigg, der Schöpferin und Bewahrerin. Sie spinnt die Fäden, die die drei Nornen verspinnen und weiß deshalb um die Schicksale aller Lebewesen. Sie wacht über die Taten der Menschen.

Bedeutungen als Talisman oder Amulett: Das Amulett steht für Intuition, Eingebung, Seelenkraft, Treue, häuslichen Friedens und Verschwiegenheit

Freya, Frija

Herkunft: Freya bedeutet »Herrin« oder »Frau«; Germanische Fruchtbarkeitsgöttin aus dem Geschlecht der Wanen, Schwester von Freyr.

Symbole: Schutzgöttin aller Hexen und Frauen. Ihr persönlicher Krafttag ist der Freitag (Freytag).

Bedeutungen als Talisman oder Amulett: Sie steht für die weibliche Visionssuche und die Kraft der Sexualmagie; für die Verkörperung der Hexe, des sinnlichen erotischen Weibes und der machtvollen und zügellosen Liebhaberin.

Odin

Herkunft: Odin bedeutet wörtlich »Inspiration, Wahnsinn, Wut«; Odin ist der Hochgott der germanischen und nordischen Mythologie. Er wurde auch »Allvater« genannt. Er war der Vater von Thor.

Symbole: Odin wird oft auf seinem achtbeinigen Roß Sleipnir und seinen beiden treuen Raben Hugin und Munin (seine Späher) dargestellt. Seine Wölfe Geri (gierig) und Freki (gefräßig) begleiten ihn auf der Jagd. In den Händen hält er seinen Speer Gungnir und sein Rundschild mit seinem Knotensymbol, dem Walknut (drei ineinander verwobene Dreicke).

Bedeutungen als Talisman oder Amulett: Für Beharrlichkeit und Leidenschaft. Es unterstützt die Suche nach Wissen und Wahrheit.

Nordstern

Herkunft: Fixstern im Sternbild Kleiner Bär, auch als Polarstern bekannt.

Symbole: Odin vermochten mit seinen magischen Kräften den Himmel um die Weltenachse Veraldar Nagli zu drehen. Die Wikinger nannten ihren Navigationspunkt Nordstern deshalb auch Odins Auge.

Bedeutungen als Talisman oder Amulett: Hilft Ziele im Leben durch Beharrlichkeit und Konzentration zu erreichen.

Loki

Herkunft: Loki oder Loptr (»Luftgott«) Sohn des Riesen Farbauti und der Laufey (auch Nal genannt). Er ist ein Gott des Feuers und Gott der List. Loki ist schön von Gestalt, aber von Gemüt böse und sehr unbeständig.

Symbole: Er war Schutzpatronen der Gaukler, Lügner und Spitzbuben. Er symbolisiert die helle und die dunkle Seite des menschlichen Daseins.

Bedeutungen als Talisman oder Amulett: Unterstützt List, Gewandtheit, Witz und Frohsinn.

Schlangen von Urnes

Herkunft: Symbolisieren ebenfalls den Gott Urnes, der als Gestaltswandler und Betrüger so beweglich und falsch, wie eine Schlange war.

Symbole: Verwobene Schlange

Bedeutungen als Talisman oder Amulett: Unterstützt Geschicklichkeit und Einfallsreichtum.

Freyr

Herkunft: Wannischer Fruchtbarkeitsgott dessen Name »Herr« bedeutet. Vegetationsgott, der über das Wetter bestimmt. Herrscher über die Elementarwelt der Alben (Elfen) , Sylphen und Gnome.

Symbole: Freyr wird gerne mit einem großen Phallus dargestellt und symbolisiert Kraft und Potenz.

Bedeutungen als Talisman oder Amulett: Fruchtbarkeit, Wachstum und Frieden. Steht auch für Sinnlichkeit, Liebe und gutes Gelingen.

Irminsul

Herkunft: Sul (= Säule) des Irmin. Nach dem Kriegsgott Irmin (Tyr) genannter Weltenbaum. Vergleichbar mit dem Weltenbaum Yggdrasil.

Symbole: Schafft die Verbindung zwischen Himmel und Erde. Er ist wie die Wirbelsäule, ohne die der Mensch in sich zusammenfallen würde. Seine Äste und Wurzeln verbanden die neun verschiedenen Welten aus der germanischen Mythologie.

Bedeutungen als Talisman oder Amulett: Dynamik, Kraft, Schutz, Transformation, Unterstützung in allen Lebensphasen und Heilung der Seele.

Odinsmaske

Herkunft: Symbolisiert die Maske Odins.
Bedeutungen als Talisman oder Amulett: Steht für Intelligenz, Verschwiegenheit und Diskretion, Schläue und Besonnenheit.

Wikingerheld

Herkunft: Symbolisiert den verwegenen und tapferen Wikingerkrieger, der unerschrocken im Glauben an die Anerkennung seiner Heldentaten in Walhalla lebte und kämpfte.
Bedeutungen als Talisman oder Amulett: Steht für Mut, Tapferkeit, Unerschrockenheit, Ausdauer, Kraft.

Iduna

Herkunft: Göttin der ewigen Jugend und Unsterblichkeit.
Symbole: Die Äpfel der Iduna waren die Götterspeise, durch sie alterte man nicht und war unsterblich.

Bedeutungen als Talisman oder Amulett: Steht für Gesundheit, Jugendlichkeit, die sprießenden Kräfte des Frühlings. Unterstützt die Genesung bei Krankheiten aller Art.

Wotan (Odin)

Herkunft: Gott des Krieges, des Todes, der Wut und Extase. Höchster Gott im der nordischen Mythologie

Bedeutungen als Talisman oder Amulett: siehe Amulett »Odin«.

Drei Nornen

Herkunft: Eine Dreiheit von Göttinnen an einer Quelle am Fuß des Weltenbaumes. Sie bestimmen das Schicksal aller Wesen (auch der Götter). Sie heißen Urd, Werdandi und Skuld (»Die Gewordene«, »Die Werdende« und »Die werden wird«). Sie galten als die Seherinnen der Wikingerzeit.

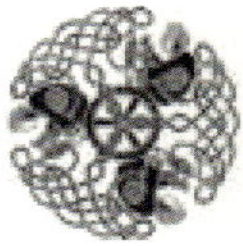

Symbole: Sie symbolisieren Vergangenheit, Gegenwart und Zukunft.

Bedeutungen als Talisman oder Amulett: Anerkennung des eigenen unabänderlichen Schicksals - Friede mit sich selbst.

Midgardschlange

Herkunft: Jormungand umschließt mit ihrem Körper Midgard und wird deshalb auch Weltumgürter genannt.

Bedeutungen als Talisman oder Amulett: Einheit, Wiederkehr, verstärkt die unbewußten und versteckten Kräfte im Menschen.

Schutz- und Schmuckamulette

Herkunft: (Replikate nordischer Funde) keine feste Zuordnung möglich.

Runen Amulette

Eine Runenreihe wird Futhark genannt. Es gibt verschiedene Futharke. Das ältere Futhark hat 24 Runen, das jüngere 16 Runen. Das angelsächsische Futhark hat 33 Runen. Aus diesen ergeben sich selbstverständlich verschiedene Namen und Bezeichnungen für die gleiche Rune. Zur Vereinfachung zähle ich in den nachfolgenden Beschreibungen, ohne Rücksicht auf den Futhark, alle Bezeichnungen ohne weitere Erklärungen nebeneinander auf. (Zu ausführlicheren Informationen empfehle ich das Buch von Igor Warneck: Ruf der Runen. Darmstadt 2001)

Fehu – Feoh – Fa – Fe

Wortbedeutung: Vieh; Vieherde, Widder, beweglicher Besitz, Reichtum, Fruchtbarkeit, Chaos, Energie, Feuer, Gold, Geld.

Lautwert/Runenzahl: F/24

Bedeutungen als Talisman oder Amulett: Für das Erreichen von Glück und Wohlstand. Steht auch für Liebe, Fruchtbarkeit und Fülle. Sie wird auch Reichtumsrune genannt (auch für spirituellen Reichtum).

Uruz – Ur – Uraz – Or

Wortbedeutung: Stier (Auerochse), gebundene Energie, Erdenergie, Urenergie, Triebe, Gesundheit, Beständigkeit; Sternzeichen: Jungfrau, Steinbock.

Lautwert / Runenzahl: U (V)/1

Bedeutungen als Talisman oder Amulett: Hilft gegen Trauer, Krankheit und Zwist. Steht für innere Stärke, Standhaftigkeit und Ausdauer

Thurisaz – Thorn – Thyth

Wortbedeutung: Riese, Dorn, Zauber, Riesenkraft, Unwetter, Streitsucht, Schutz.

Lautwert/Runenzahl: TH/2

Bedeutungen als Talisman oder Amulett: Die Rune zeigt die negative Kraft hinter einer Krankheit und dient zum Erkennen und zum Verhindern dieser negativen Muster. Sie gibt innere Kraft und spirituelle Autorität.

Ansuz – Ansur – As – Ass – Os

Wortbedeutung: Gott, Ase, Wind, Odin, Wotan, schöpferische Eingebung, Geist.

Lautwert/Runenzahl: A/3

Bedeutungen als Talisman oder Amulett: Ein Symbol des göttlichen und des höchsten Inneren des Menschen; Hingebung zum Spirituellen. Diese Rune steht auch für die Macht der Sprache, den Austauch und den Optimismus, für gute Beziehungen zu anderen Menschen. Sie hilft auch gegen List und Betrug und macht sensibel gegenüber Entscheidungen mit weitreichenden Folgen.

Raidoh – Raidu – Rit – Raid – Raidr

Wortbedeutung: Reiten, Rat, Bewegung, Tanz, Rhythmus, Lebensrad, vier Elemente.

Sternzeichen: Löwe, Jungfrau.

Lautwert/Runenzahl: R/4

Bedeutungen als Talisman oder Amulett: Diese Rune steht für Kraft, Versöhnung, Reinigung (auch mit dem Selbst). Sie schenkt Geduld und warnt davor, zu schnell Risiken einzugehen. Sie hilft, sich dem Fluß des Lebens anzupassen und ihn geschehen zu lassen. Steht für Reisen (auch spirituelle).

Kenaz – Kauna – Kaun – Ken

Wortbedeutung: Fackel, Feuer, Urfeuer, Licht, Spiegel, Erleuchtung.
Sternzeichen: Jungfrau, Fisch.
Lautwert/Runenzahl: K/5
Bedeutungen als Talisman oder Amulett: Steigert Mut und Können; für Inspiration und Lebenslust. Zur Entfaltung der schöpferischen Begabungen; hilft beim Lösen von Problemen. Diese Rune steht auch für Krankheitsdämone, kann diese vertreiben und die Krankheiten behandeln. Es ist die Rune des Magiers – eine Zauberschutzrune.

Gebo – Gibor – Gebu – Gyfu – Giof

Wortbedeutung: Gabe, Geschenk, Austausch, Ausgleich, Gleichgewicht von Geben und Nehmen.
Sternzeichen: Jungfrau, Krebs.
Lautwert/Runenzahl: G/6
Bedeutungen als Talisman oder Amulett: Schutz vor Unheil; Hilft Freunde und Partner zu finden; Hilfsrune für den Gegenangriff bei Verhexungen.

Wunjo – Wunju – Wynn

Wortbedeutung: Wonne, Freude, Glück, Wimpel, Fahne, Fröhlichkeit.
Lautwert/Runenzahl: W/7
Bedeutungen als Talisman oder Amulett: Glücksrune; Freude, Fröhlichkeit und Freunde werden einem zuteil.

Hagalaz – Haglaz – Hagal – Hagl – Haal

Wortbedeutung: Hagel, Zerstörung und Erschaffen, Elementargewalt, Spirituelle Kraft, Harmonie, Fruchtbarkeit, Gleichgewicht der Kräfte, Heil.
Lautwert/Runenzahl: H/8
Bedeutungen als Talisman oder Amulett: Das inneres und äußere Gleichgewicht wird wieder hergestellt. Sie hilft, mit Mut den alltäglichen Herausforderungen entgegenzutreten. Sie hilft, Kraft zu schöpfen durch Überwindung der Schattenseite des Bewußtseins. Sie ist eine Freundschaftsrune und steht für Beständigkeit und Zusammenhalt.

Naudiz – Nauthiz – Nyd – Naud – Naudr

Wortbedeutung: Not, Zwang, Schicksal, Notwende, Notwendigkeit.
Sternzeichen: Skorpion, Steinbock und Schütze
Lautwert/Runenzahl: N/9
Bedeutungen als Talisman oder Amulett: Steht für Schutz, Abwehr, Kreativität, Karmalösung, Geduld, Einfallsreichtum, Schaffung von Frieden; Dinge wirken lassen.

Isa – Isaz – Is

Wortbedeutung: Eis, Erstarrung, Starrheit, Tot, Kontemplation, Zurückgezogenheit, Ich, Eigenständigkeit, Klarheit
Sternzeichen: Steinbock, Wassermann.
Lautwert/Runenzahl: I/10
Bedeutungen als Talisman oder Amulett: Steht für innere Standhaftigkeit, Kraft, Wille, Selbstbewußtsein, Geduld und Persönlichkeit. Sie stärkt die Kraft und das Inneren des Menschen.

Jera – Jara – Ger – Gaar – Ar

Wortbedeutung: Jahr, Jahreszeit, Lebenszyklus, Vollendung, Anfang, Zeit, Spirale des Lebens.
Lautwert/Runenzahl: J/11
Bedeutungen als Talisman oder Amulett: Diese Rune beschützt Freunde im Kampf. Sie steht symbolisch für die Ernte nach langer Arbeit und Anstrengung. Sie steht auch für Veränderungen im Leben.

Eiwaz – Sigil – Eoh

Wortbedeutung: Eiche, Abwehr, Geduld, Tor zur Anderswelt.
Lautwert/Runenzahl: EO/12
Bedeutungen als Talisman oder Amulett: Spiritueller Wandel, Transformation, Blockaden lösen, wichtige Entscheidungen treffen. Sie ist die Rune der Einweihung und hilft die Schattenseiten unseres Unterbewußtseins zu erkennen und sie ans Licht zu bringen.

Perthro – Peorth – Pertra

Wortbedeutung: Pferch, Brunnen, Gebärmutter, Stein, Erde.
Lautwert/Runenzahl: P/13
Bedeutungen als Talisman oder Amulett: Diese Rune hilft Entscheidungen zu treffen und das Schicksal selbst in die Hand zu nehmen. Sie steht auch für unerwartete Gewinne und Überraschungen.

Algiz – Eolh – Elgr

Wortbedeutung: Elch, Schutz, Rabenfuß.
Sternzeichen: Zwilling.
Lautwert/Runenzahl: S (Z)/14
Bedeutungen als Talisman oder Amulett: Sie ist eine Schutzrune und steht für Gesundheit und Lebenskraft.

Sowelu – Sigel – Sowilo – Sugil – Sol

Wortbedeutung: Sonne, Lebenskraft, Glück, Weisheit.
Lautwert/Runenzahl: S/15
Bedeutungen als Talisman oder Amulett: Sie ist eine Glücksrune und hilft Probleme zu lösen. Sie bringt Energie, Heilung und Gesundheit.

Teiwaz – Tiwaz – Iyr – Ty

Wortbedeutung: Gott Tyr, Gerechtigkeit, Würde, Zielstrebigkeit, der treffende Pfeil.
Sternzeichen: Fische, Schütze, Waage.
Lautwert/Runenzahl: T/16
Bedeutungen als Talisman oder Amulett: Sie steht für Neubeginn, wachsender Wohlstand, das Erreichen von Zielen, Ausdauer, Mut und Gerechtigkeit. Sie ist die Rune des geistig spirituellen Kriegers und steht für den Initiationsweg und für neue Einsichten.

Berkana – Beorc – Bar

Wortbedeutung: Birke, Brust der Mutter, Schutz, Geborgenheit, Geburt, Versorgung.
Sternzeichen: Widder, Skorpion.
Lautwert/Runenzahl: B/17
Bedeutungen als Talisman oder Amulett: Sie steht für Neubeginn, Fruchtbarkeit, Unabhängigkeit und die Entwicklung magischer Kräfte

Ehwaz – Jor – Eh – Ehol

Wortbedeutung: Pferd, Kraft Gewindigkeit, Beweglichkeit, Partnerschaft.
Lautwert/Runenzahl: E/18
Bedeutungen als Talisman oder Amulett: Gemeinsames Handeln und so neue Energien anziehen; Erfolg durch Fortschritt

Mannaz – Man – Madr

Wortbedeutung: Mensch, Mann, Vereinigung der Gegensätze.
Lautwert/Runenzahl: M/19
Bedeutungen als Talisman oder Amulett: Diese Rune steht für geistige Entwicklung und Schutz vor feindlichen Einflüssen, ebenso für Menschlichkeit und Vereinigung in Liebe.

Laguz – Lagu – Laf – Laukr

Wortbedeutung: Lauch, Wasser, Flüssigkeit, Leinen, fließenlassen, loslassen, Gefühle, Zeugungskraft.
Sternzeichen: Stier, Wassermann.
Lautwert/Runenzahl: L/20
Bedeutungen als Talisman oder Amulett: Liebe, Gegenseitiges Verstehen, Lebenspartner finden, Treue, Reichtum der Gefühle, hilft schwierige Prüfungen zu bestehen. Seelische Ausgeglichenheit und Harmonie mit der Schöpfung.

Ingwaz – Reife

Wortbedeutung: Ei, Fruchtbarkeit, Energie, Neubeginn.
Lautwert/Runenzahl: NG (N)/22
Bedeutungen als Talisman oder Amulett: Innere Reife, innere Kraft, Kräfte sammeln, Konzentration, Meditation, Sexualmagie, Wachstum, Energie, Reifung

Othala – Ethel – Odal

Wortbedeutung: Besitz, Heimatland, Heimat, Familie, Zauberknoten.
Lautwert/Runenzahl: O/22
Bedeutungen als Talisman oder Amulett: Diese Rune hilft Energien zu bündeln und die Konzentration zu stärken. Sie steht für Schutz und Sicherheit einer Familie oder einer Gemeinschaft

Dagaz – Dagr – Daaz

Wortbedeutung: Tag, Licht, Ausgeglichenheit, Übergang von Tag und Nacht
Lautwert/Runenzahl: D/23
Bedeutungen als Talisman oder Amulett: Mut zur Veränderungen, Entwicklungskraft, das Zwielicht durchdringen, neues Handeln. Als Rune des Tageslichts und des Lichtgottes hilft sie gegen schwarze Magie.

Runenamulett

Herkunft: Isländisches Runenamulett.
Symbole: Schild mit im Kreis angeordneten Runen
Bedeutungen als Talisman oder Amulett: Es steht für die eigene Unwiderstehlichkeit. Es fördert bei seinem Träger die Anziehungskraft und stärkt seinen Einfluß .

Runensternpentagramm

Symbole: Pentagramm mit einem Runenkreis.
Bedeutungen als Talisman oder Amulett: Es soll die kreative Inspiration unterstützen.

Runenamulett Pferd

Herkunft: Unbekannt.

Liebe und Partnerschafts – Amulette

Liebesanagramm

Herkunft: Mittelalterliches Amulett.
Symbole: Die Symbole beruhen auf der Sigilenmagie.
Bedeutungen als Talisman oder Amulett: Für die Entstehung und den Bestand der Liebe. Von Sachen des/der Geliebten berührt, ruft es Gegenliebe hervor.

Liebestalismann

Symbole: Das Amulett kann für beide Partner auseinandergebrochen werden, sodaß jeder eine Hälfte erhält.
Bedeutungen als Talisman oder Amulett: Dieses Amulett soll helfen, einen Geliebten zu finden, eine neue Partnerschaft einzugehen oder eine neue Beziehung aufzubauen. Festigt auch bereits bestehende Beziehungen.

Keltisches Liebespaar

Herkunft: Altes keltisches Motiv.
Symbole: Das Amulett kann für beide Partner auseinandergebrochen werden, sodaß jeder eine Hälfte erhält.
Bedeutungen als Talisman oder Amulett: Steht für Beständigkeit und Unzertrennlichkeit der Partner. Zur Vermeidung und zur Lösung von Konflikten in der Partnerschaft.

Königinpentakel

Bedeutungen als Talisman oder Amulett: Für die Förderung des Hochzeitwunsches. Unterstützt das Bestreben einer glücklichen und harmonischen Beziehung. Steht auch für das Familienglück. Auf Wunsch soll es sogar den/die ehemaligen Liebhaber/in zurückbringen.

Amulett der Zwillingsseelen

Herkunft: Altes weißmagisches Schutzamulett.
Symbole: Hexagramm mit Sigillen (Magische Bild-Wort-Symbole, die das Unterbewußtsein direkt ansprechen sollen). An allen Eckpunkten des Hexagramms befinden sich Kreuzschwerter. Sie umfassen alle Welten und Himmelsrichtungen. Das Herz symbolisiert die Seele. Die beiden Sigillen im Inneren des Hexagramms sollen die Dualseele an vergangene, miteinander verbrachte Inkarnationen erinnern und diese aktivieren.
Bedeutungen als Talisman oder Amulett: Zum Auffinden seiner Dual- oder Zwillingseele.

Liebespentakel

Bedeutungen als Talisman oder Amulett: Es soll einen Zauber zur Erweckung der Liebe vollbringen.

Blume der Aphrodite

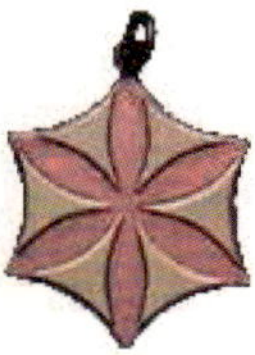

Herkunft: Afrikanisch/arabisches Amulett.
Symbole: Die Symbole beruhen auf der magischen Zahl »6«
Bedeutungen als Talisman oder Amulett: Sie steht für Geburt und Eneuerung; für das Erblühen der Liebe und der Sexualität.

Liebesbote

Symbole: Amorengel mit Bogen.
Bedeutungen als Talisman oder Amulett: Er steht für die Erweckung der Liebe beim Wunschpartner

Venustalisman

Bedeutungen als Talisman oder Amulett: Dieser Talisman symbolisiert die Kraft der Liebe (Planet Venus). Diese Kraft soll auf den Träger übergehen. Er schützt Frauen vor Gift und schweren Krankheiten. Er verleiht ihnen Schönheit und Anmut. In der Partnerschaft fördert er Verständnis und Harmonie. In das Getränk eines Feindes getaucht, wird er zum Freund. Erhält ihn eine geliebte Person, so erwidert diejenige die Gefühle. Er steht für das Wiederfinden der Liebe, den geeigneten Partner und eine glückliches Partnerschaft. Unterstütz neue Kontakte und Freundschaften.

Venusamulett

Herkunft: Das dritte Pentakel der Venus aus dem Clavicula Solomonis.
Symbole: Innerhalb des Amulettes stehen die Namen: IHVH Adonai, Ruach, Achides, Egalmiel, Monachiel und Degatliel Der Vers stammt aus der Genesis I, 28: Elohim segnete sie und sprach zu ihnen: »Seid fruchtbar und mehret euch und füllt die Erde und macht sie fruchtbar.«
Bedeutungen als Talisman oder Amulett: Zur Erlangung von Liebe und Freundschaft, erhöht die eigene Anziehungkraft und Attraktivität

Drachen-Amulette

Drachen

Herkunft: Der Drache als Symbol kommt in fast allen Kulturen vor.

Symbole: In der Mythologie symbolisiert er meist eine unkalkulierbare, einflußreiche Macht, Kraft, Stärke und Erneuerung. Er symbolisiert aber auch unsere Urängste.

Bedeutungen als Talisman oder Amulett: Ehrgeiz, Zielstrebigkeit, Ausdauer, geistige Stärke, Konzentrationsvermögen, Erfolg, Temperament. Die Druiden bewirkten die sogenannte Wyrd-Magie – die Drachenmagie. Sie galt als die stärkste und mächtigste Magie und nur die mächtigsten keltischen Druiden konnten sie beherrschen.

Walisischer Drachen

Herkunft: Die walisische Flagge zeigt einen roten Drachen.

Symbole: Er symbolisiert die Unabhängigkeit und den Sieg von Wales über die Sachsen (symbolisch der weiße Drache)

Bedeutungen als Talisman oder Amulett: Freiheit, Unabhängigkeit und Eigenständigkeit.

Feuerdrache

Herkunft: Altes keltisches und nordisches Symboltier.
Symbole: Kundalinienergie.
Bedeutungen als Talisman oder Amulett: Steht für Kreativität und Erleuchtung, Stärke und Liebe, Kraft der Sexualität.

Luftdrache

Herkunft: Altes keltisches und nordisches Symboltier.
Symbole: Er galt als Schutztier für Land und Menschen.
Bedeutungen als Talisman oder Amulett: Steht für Denken und geistige Kommunikation, für die Inspiration und das intuitive Wissen. Fördert die eigene Spiritualität.

Erddrachen

Herkunft: Altes keltisches und nordisches Symboltier.
Symbole: Er galt als Schützer der materiellen Welt, Hüter von Tempeln und Schätzen und als Bewahrer allen Reichtums.
Bedeutungen als Talisman oder Amulett: Er steht für Glück und materiellen Reichtum. Er unterstützt die geistige und körperliche Schöpfungskraft.

Wasserdrachen

Herkunft: Altes keltisches und nordisches Symboltier.
Symbole: Symbolisiert die tiefen Gefühle des Menschen.
Bedeutungen als Talisman oder Amulett: Glück, Liebe und Erfüllung.

Monddrachen

Herkunft: Bekannt in China oder Malaysia.
Symbole: Symbolisiert Sicherheit.
Bedeutungen als Talisman oder Amulett: Intuitives Handeln und sexuelle Energie.

Auge des Eisdrachen

Herkunft: Altes keltisches und nordisches Symboltier.
Symbole: Symbolisiert die vereinte Energie der fünf Elemente Luft, Erde, Feuer, Wasser und Eis.
Bedeutungen als Talisman oder Amulett: Für Harmonie, Stabilität und Sicherheit.

Drachenstern

Herkunft: Modernes Drachensymbol.
Symbole: Zwei, sich umschlingende Drachen, männlich und weiblich, stehen für die Polarität der Lebenskraft. Das Pentagramm steht für die fünf Elemente.
Bedeutungen als Talisman oder Amulett: Schenkt Ausgeglichenheit und Stablilität.

Chinesischer Drachen

Herkunft: Der Drache ist in der Chinesischen Mythologie das am häufigsten dargestellte Symbol.
Symbole: In China steht der Drache für die Macht des Kaisers und gilt allgemein als Glücksbringer. Er symbolisiert Würde und Erfolg.
Bedeutungen als Talisman oder Amulett: Er fördert das Gute und Edle, verleiht Kraft, bringt Glück und Friedfertigkeit. Er steht auch für Gesundheit, Energie und Persönlichkeit.

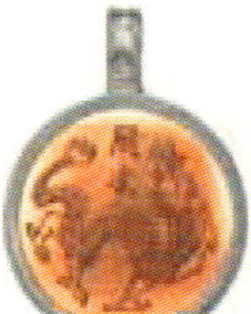

Elfen und Einhörner-Amulette

Elfen

Herkunft: Elfen (Elben, Alben, Alfar), Zaubergeister in der germanischen Mythologie (Edda).

Symbole: Gute, aber manchmal auch böse Geistwesen, die gerne mit spitzen Ohren und Schlitzaugen und langen Haaren dargestellt werden. Die liebevolle Art der Elfen sind die Feen (meist mit Flügeln dargestellt). Sie behalten immer ihr junges Aussehen.

Bedeutungen als Talisman oder Amulett: Lebenslust, Freude, Schutz, liebevolles Miteinander.

Einhorn

Herkunft: Pferdeähnliches Fabeltier.

Symbole: Pferd mit spitzen Horn auf der Stirn. Es symbolisiert Jungfräulichkeit, Unschuld, Heilung der Natur und aller Wesen.

Bedeutungen als Talisman oder Amulett: Unterstützt die Liebe und Güte im Herzen, führt zur Stärkung des Charakters. Es steht für die Sanftmut und Weisheit sowie für das Edle im Menschen. Es hilft beim Kampf gegen das Böse indem es Mut und Tapferkeit verleiht. Es ist ein Schutz- und Heilamulett.

Pegasus

Herkunft: Geflügeltes Pferd aus der griechischen Mythologie.

Symbole: Es symbolisiert unbegrenzte Leistungsfähigkeit und Unsterblichkeit, Flexibilität und Kreativität. Er ist ein Symbol der Dichter und Philosophen.

Bedeutungen als Talisman oder Amulett: Zur Erreichung von geistigen Höhen, unterstützt das Durchsetzungsvermögen, die Motivation und die Fähigkeit, besser durchzuhalten. Aktiviert die schöpferische Kraft.

Gnom

Herkunft: Zwergischer, unterirdischer Erd- oder Berggeist.

Symbole: Er symbolisiert die Energie der materiellen Welt, der Wünsche und Sehnsüchte.

Bedeutungen als Talisman oder Amulett: Er soll helfen, verborgene Wünsche zu erfüllen. Steht auch für die Verführung, die Behaglichkeit und das Wohlfühlen.

Keltische Talismane und Amulette

Keltisches Kreuz

Herkunft: Ein universelles Symbol aus uralten Zeiten (mehr als 10 000 Jahre alt). Das ursprüngliche keltische Kreuz bestand aus einem gleichschenkligem Kreuz umschlossen von dem Sonnenrad, erst während der Christianisierung entstanden die keltischen Kreuze welche auch ungleichschenklig waren.

Symbole: Da das Keltische Kreuz schon sehr alt ist und die Kelten ihr Wissen und ihre Mythologie nur mündlich weitergegeben haben, sind verschiedene Deutungen im Umlauf.

1.Deutung: Der Kreis symbolisiert die Ganzheit, die Einheit, den umherschweifenden Geist, die runde Form der Mutter Erde, die runden heiligen Höhlen und Grabstätten, die Weiblichkeit. Das Kreuz selbst repräsentiert die vier Himmelsrichtungen, die vier Winde, die vier Elemente, die vier Jahreszeiten, die vier magischen Einweihungsstufen (männliche Energie). Es vereinigt die Weiblichkeit im Kreis und die Männlichkeit im Kreuz. Es symbolisiert sexuelle Energien, den Ursprung, die Elemente und den Ursprung allen menschlichen Lebens. Der Schnittpunkt in der Mitte des Kreuzes gilt in vielen Überlieferungen auch als Quintessenz, als die wesentliche fünfte Kraft. Jedes Kreuz steht für die Manifestation des Geistes in der Materie.

2. Deutung: Der äußere Kreis dieses keltischen Kreuzes symbolisiert die Vereinigung des materiellen und des spirituellen Reichs, das Kreuz selbst die göttliche Oberwelt. In jeder Richtung unendlich ausdehnbar verkörpert es das ewiges Leben.

3. Deutung: Alle keltische Kreuze sind mit einem Kreis (Sonnenrad) versehen, welches ein christliche Kreuz umgibt. Dies symbolisiert die Beziehung zwischen der alten und der neu-

en Religion. Das Kreuz selbst ist ein Richtungs- und Ordnungssymbol. Einheit der vier Himmelsrichtungen, Temperamente, Elemente usw. Der Schnittpunkt in der Mitte des Kreuzes, gilt in vielen Überlieferungen auch als Quintessenz, als die wesentliche fünfte Kraft. Jedes Kreuz steht für die Manifestation des Geistes in der Materie. Während die Seele sich vom Symbol des Schwertes zum gleicharmigen Kreuz, weiter zum Kreuz des Leidens entwickelt, steht es für den christlichen Glauben und für die Auferstehung. Die vier, in die entgegengesetzte Richtungen weisenden Arme symbolisieren Konflikt, Schmerz und Leid, doch wer sie durchlebt, erreicht Vollkommenheit. Zur Kreuzigung und schließlich zum Tao der Perfektion bewegt, lernt die Seele durch Erfahrung, die Hindernisse auf dem Weg der spirituellen Entwicklung zu überwinden.

Bedeutungen als Talisman oder Amulett: steht im allgemeinen für Lebenskraft, magische Fähigkeiten, Gesundheit, Erfolg, Reichtum, Geistigkeit, Spiritualität und ein langes Leben. Das Kreuz wurde getragen, um Inspiration und Intuition zu erlangen und Schutz vor Widrigkeiten zu finden.

Keltisches Radkreuz

Herkunft: Dies ist das ursprüngliche keltische Kreuz. Es bestand aus einem gleichschenkligem Kreuz mit dem Sonnenrad herum. Erst durch die Christianisierung entstanden die keltischen Kreuze die auch ungleichschenklig waren.

Symbole: Gleichschenklige Kreuze im Kreis oder vierspeichige Räder tauchen in allen Kulturen auf und sind Symbol für die Erde, den ewigen Kreislauf von Tagen, Monate, Jahren, Leben und Zeitaltern und die Stabilität des ewig Wieder-

kehrenden im ewigen Wandel. Das keltische Radkreuz ist ein Licht- und Sonnensymbol, aber auch Symbol des Jahres- und Lebenslaufes. Das Sonnerad wird mit Frey und den lichten Elfen verbunden. Die beiden Balken symbolisierten sowohl die Männlichkeit, als auch die Weiblichkeit und der Kreis herum stand für das Sonnenrad. Desweiteren stehen die vier Arme für die vier Himmelsrichtungen, vier Elemente, vier Jahreszeiten, vier Temperamente, etc. Die beiden Achsen symbolisieren die Tag- und Nachtgleichen und die Sonnenwenden.

Bedeutungen als Talisman oder Amulett: Das Sonnenrad um das Kreuz herum steht für die Gesundheit, Tapferkeit und Selbstbeherrschung. Erst später wurde das Sonnenrad als die weibliche Seite angesehen. Es symbolisiert die Veränderlichkeit; das Glücksrad; der Kreis als Schutz. Keltische Schamanen trugen das keltische Kreuz sehr oft während ihrer Rituale und auf ihren Reisen in die Anderswelt als Schutzamulett und zur Erleichterung der Reisen.

Fiana Keltenkreuz

Herkunft: Als Fiana wurde in Irland ein Krieger-Druidenstamm bezeichnet. Es handelte sich hierbei um eine legendäre Priestergruppe, die sich von den »Tuatha De Danann« ableitet. Sie beherrschten nicht nur die Waffen, die sie bei sich trugen, sondern verfügten angeblich über besondere Waffen, die sie durch Geisteskraft lenkten. Ihr Oberhaupt soll der legendäre »Finn mac Cumail« gewesen sein. Sie wurden auch die »Krieger und Soldaten der Könige« (der High Kings von Irland) genannt, die nach den Grundsätzen von »Wahrhaftigkeit im Herzen, Kraft in der Hand und halten eines Versprechens« lebten.

Bedeutungen als Talisman oder Amulett: Wahrhaftigkeit, Treue und Stärke

St. Patrick Kreuz

Herkunft: Der heilige Patrick wurde um 389 in Britannien geboren und starb wahrscheinlich um 461. Er war maßgeblich an der Verbreitung des Christentums in Irland beteiligt. Er soll viele Wunder vollbracht haben. Noch heute wird er in Irland als Schutzpatron gefeiert.

Symbole: Im Kleeblatt sah »Bischof Patrick« das Symbol der Dreifaltigkeit.

St. Columba Kreuz

Herkunft: St. Columba 543-615, irischer Mönch und Heiliger (als Prinz direkter Nachfahre von König Niall). Er trug maßgeblich an der Verbreitung des Christentums in Schottland bei. Nach einer Sage soll er, nur mit seiner Redekunst, seinem Mut und seiner Furchtlosigkeit das Ungeheuer von Loch Ness auf immer verbannt haben.

Bedeutungen als Talisman oder Amulett: Für Mut und Furchtlosigkeit.

Robin Hood Kreuz

Herkunft: Frühes 13. Jahrhundert.
Robin Hodd war ein edler Wegelagerer, der später als Earl of Locksely heroisiert wurde und angeblich im Kampf gegen das Böse, den Sheriff von Nottingham besiegt hatte. Robin Hood beraubte die Reichen und beschenkte damit die Armen.
Symbole: Diese Art von Kreuz soll er immer bei sich getragen haben.
Bedeutungen als Talisman oder Amulett: Mitgefühl; Inspiration

Guinevere Kreuz

Herkunft: Genevier um 450; Frau des britischen Hochkönigs Artus. Dieses Kreuz, welches sie von ihrem Vater erhalten hatte, gab sie als geheimes Liebeszeichen an Lancelot weiter.
Bedeutungen als Talisman oder Amulett: Es steht für die wahre Liebe.

Ambrosius Kreuz

Herkunft: Ambrosius Aurelianus 5. Jahrhundert; Anführer der Briten; gewann eine wichtige Schlacht gegen die Angelsachsen. Sein Nachfolger, König Artus führte die Kämpfe mit und nach Ambrosius weiter.
Bedeutungen als Talisman oder Amulett: Steht für Stärke, Durchhaltevermögen, Weisheit.

Raith Gras Kreuz

Herkunft: Beim schottische Raith-Clan trugen die sehr naturverbundenen Mitglieder dieses Kreuz.
Symbole: Dieses gleichseitige Kreuz vereinigt die keltischen Symbole für Frühling, Sommer, Herbst und Winter.
Bedeutungen als Talisman oder Amulett: Es steht für die Verbundenheit zur Natur; dient der Harmonisierung der wechselnden Kräfte der Jahreszeiten.

Brid Kreuzknoten

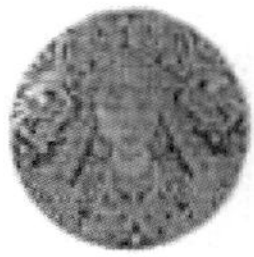

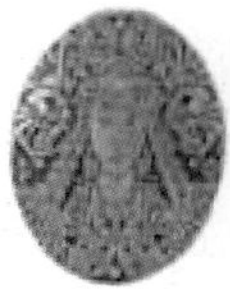

Herkunft: Die Göttin Brighid (heilige Brid) war die Tochter des Dagda, einer der großen Götter der heidnischen keltischen-irischen Welt. Sie gehörte zu den Tuatha Dé Danann, den guten Göttern – den Göttern des Lichts. Sie galt als eine sehr große Schutzgöttin, welche das Christentum nicht aus der Gesellschaft eliminieren konnte – so wurde sie kurzerhand zur Heiligen erklärt.

Symbole: Der endlose Knoten ist ein Symbol der Ewigkeit . Nach einer Legende heilte die heilige Brid die Erde von Chaos und Finsternis, indem sie ihren blauen Mantel als Nährboden für die Schöpfung auswarf. Die Erde verwandelte sich in voller Schönheit. Die Götter knüpften ihr zu Erinnerung einen Knoten in den Mantel ...

Bedeutungen als Talisman oder Amulett: Es steht für Fruchtbarkeit, Wachstum, Nahrung und Lebenskraft. Er bewahrt seinen Träger vor Unheil und vor gesundheitlichen Problemen.

Clackmannan Kreuz (Clackham)

Herkunft: Dieses alte Symbol des keltischen Glaubens stammt, ebenso wie dieses Muster des Anhängers, aus der Gegend rund um Clackmannan.

Symbole: Ein ringförmiges Kreuz in traditioneller, keltischer Knotenarbeit – das Gewebe hat keinen Anfang und kein Ende. Mit seinen vier Armen hält es die Unterwelt, die Erde und das Himmelsgewölbe zusammen und verhindert so das Chaos.

Bedeutungen als Talisman oder Amulett: Die Schotten trugen es, um Klarheit bei Problemen und spirituelle Führung im Leben zu finden. Es steht für Gesundheit, positive Entwicklung, Heiterkeit, Frohsinn, Anmut und ewiges Leben.

Kreis von Brighid

Bedeutungen als Talisman oder Amulett: Dieses Amulett hilft Kreativität und Selbstvertrauen zu entwickeln.

St.George Kreuz

Herkunft: St. Georg wurde im Jahre 303 in Kappadozien geboren. Der Ritter St. Georg war ein Märtyrer und katholischer Heiliger. Er ist Patron der Reiter, Bauern und der Pferde sowie das Vorbild aller Pfadfinder. Unter anderem ist er auch Schutzpatron vieler Kirchen. Nach der Legende soll er, nur spärlich bewaffnet, die Tochter des Königs vor einem Drachen gerettet haben.

Symbole: England, St. Georg Kreuz. 1194 führte Richard I von England das Kreuz von St. Georg als Nationalflagge Englands ein. Es war ein rotes Kreuz auf weißem Grund. Dargestellt auf Münzen oder Amuletten, sieht man einen kühnen Ritter auf einem Pferd, der einen Drachen mit der Lanze erlegt. Der Drache ist hier das Symbol für Leiden, Not und Tod.

Bedeutungen als Talisman oder Amulett: Steht symbolisch für Furchtlosigkeit, Kühnheit, Selbstvertrauen, Kraft, Mut und Überwindung, Selbstlosigkeit und tadelloses Handeln.

Lendalfoot Kreuz

Herkunft: Aus der Gegend des schottischen Lendalfood das sich in der Nähe die Elfeninsel Ailsa Craig befinden soll. Diese Elfeninsel stellt ein Tor zur Anderswelt dar.

Symbole: Das Knotenmuster dieses Kreuzes stammt aus der Gegend von Lendalfoot, symbolisiert im Verbund den christlichen Glauben an die Herrschaft Gottes mit dem keltischen Glauben an den ewigen Zyklus des Lebens mit Geburt, Tod und Wiedergeburt.

Bedeutungen als Talisman oder Amulett: Für Selbstsicherheit und Mut und die erfolgreiche Begegnung mit allen Herausforderungen des Lebens

Arankreuz

Herkunft: Kreuz mit traditionellen keltischem Flechtwerk aus der Gegend der »Aran Islands« in Irland.

Bedeutungen als Talisman oder Amulett: Es wird für Selbstsicherheit Mut allen Lebenswegen getragen.

Mayar Kreuz

Herkunft: Das Kreuz stammt aus der schottischen Gegend Mayar.

Symbole: Der äußere Kreis und der Kreis im Zentrum des Kreuzes symbolisieren die materielle und die spirituelle Welt. Verbunden sind diese Welten mit einem alten (Epoche der Pikten) keltischem Knotenkreuz. Dies symbolisierte bei den Pikten die Oberwelt der Götter.

Bedeutungen als Talisman oder Amulett: Es steht für Schönheit, Stärke, glückliche Liebe und Freundschaft.

Kreuz von Moen

Herkunft: Irland, Moen Cholum Cille Grafschaft Kildare Aufstellungsort eines frühen Monastery Columban; ungefähr 8. oder 9. Jahrhundert.

Symbole: Die Tiere, die auf der Welle des Kreuzes bildlich dargestellt werden, sind Haustiere. Tiere, die den Leuten der früheren Zeit sehr wichtig waren. Die Spiralen auf dem Kopf des Kreuzes symbolisieren den Rhythmus der Jahreszeiten, des Lebens und Vergehens. Diese Zyklen waren für die landwirtschaftlichen Lebensart sehr wichtig.

Weitere Keltische Kreuze

(Sie sind meist nach den Orten oder Heiligen genannt)

Fortingale Kreuz

Braddan Kirk

St. Andrew Kreuz

St. John Kreuz

St. Ninian Kreuz

St. Oran Kreuz

Keltenkreuz mit Ogham Schriftzeichen

Keltischer Knoten

Herkunft: Sehr alte keltische Symbolik.

Symbole: Der Pfad des Schicksals und die Mysterien der Natur wurden oft durch Knotenarbeit dargestellt. Es ist ein Symbol der Verknüpfung, Verbindung und auch der Bindung an schutzverleihende Mächte. Es ist auch ein Sinnbild der Komplikation und der Hindernisse. Die Knoten verkörpern die Kontinuität (Ewigkeit) und die Verbindung aller Dinge. Sie stellen die Verflechtungen und Beziehungen zur Natur dar. Knoten können auch Werkzeuge von Zauberinnen, Magiern und Hexen sein. Sie binden Knoten zum Zeichen der Macht und des Wirkens von Zaubern.

Bedeutungen als Talisman oder Amulett: Gut zur Stärkung der Intuition. Geeignet um das Innere mit dem Äußeren zu verbinden und die Verbindung zur Seele und zum Unbewußten aufnehmen können. Hilft bei der Einswerdung und Verbindungen mit anderen Menschen.

Wayland (Wieland) Knoten

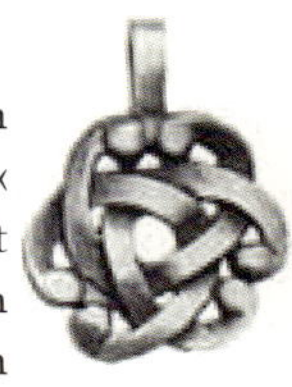

Herkunft: Wayland ist der Schmiedegott der angelsächsischen Siedler in Britannien. Nach der »Edda«(dort »Volundarkvida« genannt) stellte er in seiner Schmiede und in der Unterwelt magische Waffen und heiligen Schmuck her. Unter anderem die sieben, mit Zauberkräften behafteten Schwerter mit den Namen Albion, Morax, Orias, Flaures, Beleth, Elidor und Solas.

Bedeutungen als Talisman oder Amulett: Steht für übernatürliche Fähigkeiten sowie gutes künstlerisches Geschick.

Taranis Knoten

Herkunft: Taranis ist bei den Kelten ein Hochgott und Herrscher des Himmels. Caesar setzt ihm dem römischen Jupiter gleich. Er ist der Donnere und Blitzeschleuderer im Himmel, gleichzeitig ist er auch der Gott des Feuers und der Herr der Unterwelt.

Symbole: Symbole sind neben dem Blitz und dem Feuer das Rad als Zeichen für die Sonne, die er ebenfalls beherrscht.

Bedeutungen als Talisman oder Amulett: Das Amulett symbolisiert Kraft und Mut und steht für Veränderungen.

Talisen Knoten

Herkunft: Talisen war der größte walisische Dichter, besaß unendliche Talente und erduldete viele Transformationen in seinen legendären Erzählungen.

Bedeutungen als Talisman oder Amulett: Es steht für Talent und Scharfsinn.

Lugh Knoten

Herkunft: Lugh bedeutet auf keltisch (irisch) »gleißendes Licht«, Sonnengott, Gott der Künste und des Handwerks. Lugh besitzt viele Gaben, unter anderem das Harfespiel, das Geschichtenerzählen, die Heilkunde und die Zauberei.

Symbole: Lugh wird auch »der Helle« und »der Scheinende« genannt. Ihm gehört auch die flammende (magische) Lanze, das Symbol des Sonnenstrahls und eine verzauberte Schleuder. Er wurde auf seinen Wegen von Zauberhunden begleitet.

Bedeutungen als Talisman oder Amulett: Es steht für alle Fähigkeiten, die ein Mensch besitzen kann und die Vielseitigkeit, die in jedem steckt.

Drei Welten Knoten

Symbole: Für die Kelten besteht das Universum aus dem Himmel mit ihren Gottheiten aus drei Teilen – Sonne, Mond und Sterne. Die Erde besteht aus Menschen, Tiere und Pflanzen und der Lebenszyklus aus Leben, Tod und Wiedergeburt.
Bedeutungen als Talisman oder Amulett: Er steht für Veränderung und Wachstum.

Vier Himmelsrichtungen Knoten

Symbole: Das Symbol steht für die vier Himmelsrichtungen Norden, Süden, Westen und Osten. Ebenso für die Elemente Feuer, Wasser, Erde und Luft.
Bedeutungen als Talisman oder Amulett: Es soll dem Träger Liebe und Glück schenken.

Vier Jahreszeiten Knoten

Symbole: Das Symbol steht für die vier Jahreszeiten Frühling, Sommer, Herbst und Winter. Es spiegelt die Verbindung der Jahreszeiten mit der Ewigkeit wieder.
Bedeutungen als Talisman oder Amulett: Es soll dem Träger Schutz und Gesundheit geben.

Knoten von Tomatin

Herkunft: Tomatin ist Teil von Kilsyth, einem Gebiet in den schottischen Lowlands. Es grenzt direkt an die unwirtlichen Highlands an. Dieser Teil Schottlands wurde früh christianisiert und stand zugleich weiterhin unter dem keltischen Einfluß aus den Highlands.

Bedeutungen als Talisman oder Amulett: Er steht für bessere Chancen im Leben, sowie für Liebe und Harmonie.

Unendlicher Knoten

Symbole: Der unendliche Knoten symbolisiert die endlose Verwobenheit des Daseins.

Bedeutungen als Talisman oder Amulett: Zum einen ist er ein Schutzsymbol in dem sich böse Geister unendlich verfangen sollen, zum anderen soll er nach keltischem Glauben seinen Träger bei der Erfüllung seiner Wünsche unterstützen. Und letztlich wird er gerne als Symbol für die unendliche Liebe und Verbindung zwischen zwei Menschen benutzt.

Erde Knoten

Symbole: Er symbolisiert die Mutter Erde, die als Dreieinigkeit dargestellt wurde. Er stellt die Verflechtungen und Beziehungen zur Natur dar.

Bedeutungen als Talisman oder Amulett: Allgemeines Schutzamulett gegen negative Kräfte

Pferdeknoten

Herkunft: Epona bedeutet auf keltisch »große Stute«. Sie war die keltische Pferdegöttin und Schutzgöttin der Reiter. Bei den Galliern war sie die Göttin der Fruchtbarkeit.

Symbole: Die drei ineinander verwobenen Pferde stehen für die Harmonie von Geist, Körper und Seele und für die Dreifaltigkeit des Göttlichen. Das Pferd war das wichtigste Tier im keltischen Leben. Es symbolisierte Kraft, Ausdauer und Schönheit

Bedeutungen als Talisman oder Amulett: Dieses Schutzzeichen war besonders bei Kriegern beliebt. Er sollte sie vor den Gefahren einer Schlacht schützen. Es schützt uns vor Mutlosigkeit und Feigheit. Hilft bewußt und selbstsicher den Alltag zu bewältigen und läßt Körper, Verstand und Seele in Harmonie bleiben.

Dreifaltigkeitsknoten/Offene Dreifalt

Herkunft: Wie auch beim Triskel sieht man hier wieder die alte mythische Dreiersymbolik, die aus dem Muttergöttinkult erwachsen ist.

Symbole: Typisches keltisches Flechtwerk, ohne Anfang und Ende. Alles ist miteinander verknüpft und geht ineinander über. Der dreifache Knoten symbolisiert das Kosmische Rad – ewig wechselnd.

Bedeutungen als Talisman oder Amulett: Das Amulett wird zur Unterstützung der spirituellen Intuition getragen.

Triskell

Herkunft: Das Triskel – ein dreischaufiges Sonnenrad – ist zum Wahrzeichen der Bretagne, der Isle of Man, sowie teilweise Irlands geworden. Es ist ein altes universelles Symbol.

Symbole: Drei Spiralen oder Wirbel in unaufhörlicher Bewegung symbolisieren das tanzende Rad der Schöpfung. Es symbolisiert auch die große Mutter Erde, die als Dreieinigkeit dargestellt wurde. Aber auch andere keltische Göttinnen werden oft in Bezug zur Drei dargestellt. Im Christentum bezieht sich die Drei auf die Einheit Gottes als Vater, Sohn und Heiliger Geist.

Bedeutungen als Talisman oder Amulett: Es steht es für Optimismus und Fortschritt. Es wirkt als Schutzamulett gegen alle negativen Kräfte. Desweiteren steht es für die stetige körperliche und geistige Verwandlung; für innere Weisheit und Hingabe an das Leben.

Triskilian

Herkunft: Knotenmuster der dreifachen Göttin, die liliengesichtige Göttin Blodeuwedd, die Göttin der Dämmerung Arianrod und die weise alte Göttin.

Symbole: Es soll seinen Träger bei der Verwirklichung seiner Träume unterstützen.

Trudenkreuz (Piktenknoten)

Herkunft: Altes piktisches Kunstobjekt (auch Knoten der Auserwählten).

Symbole: Die drei verflochtenen gleichseitigen Dreiecke repräsentieren das Auge Gottes und beschwören so die ewigen Energien des Universums, um seinem Träger Schutz und kreative Kraft zu verleihen.

Bedeutungen als Talisman oder Amulett: Schutz und kreative Kraft

Cerunnos

Herkunft: Ca. 2. Jh.v.Chr.

Cerunnos bedeutet Gehörnter, sein Name ist auch Hu Gadam. Er ist der Gott der Fruchtbarkeit, der Natur, des Waldes, des Wohlstandes und der Tiere.

Symbole: Er trägt ein Hirschgeweih am Kopf.

Bedeutungen als Talisman oder Amulett: Er steht für Stärke und natürliche Kraft, fördert die Lebenskraft und die Fruchtbarkeit. Das Amulett fördert die eigene Durchsetzungskraft, den Reichtum und die Erneuerung sowie Kreativität und Selbstvertrauen.

Keltisches Seepferd

Symbole: Es repräsentiert die Harmonie zwischen Land und Meer und damit zwischen Bewußtsein und Unterbewußtsein.

Bedeutungen als Talisman oder Amulett: Es steht für Ruhe und Ausgeglichenheit.

Keltischer Baum - Lebensbaum

Herkunft: Symbolisiert den Lebensbaum Yggdrasil und steht für die Verbindung zur keltischen Erdgöttin.

Symbole: Der Baum ist Vertreter der Mutter Erde. Er symbolisiert die Verbindung von Erde (Wurzel) und Geist (Krone).

Bedeutungen als Talisman oder Amulett: Er stärkt die Ganzheit von Körper und Geist. Er steht auch für Wachstum, Heilung und Weisheit.

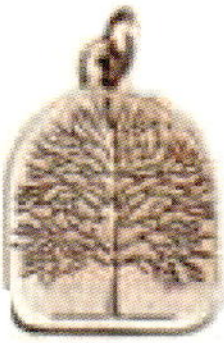

Geist der Bäume

Symbole: Kleine Syöphide (kleiner Baumgeist) im Baum.

Bedeutungen als Talisman oder Amulett: Symbolisiert die Aufrechterhaltung und Ernährung der vegetativen Kräfte.

Battersea Schild

Herkunft: Ca. 300 v. Chr. – Keltisches Schild.

Symbole: Schutzschild zur Abwehr negativer Kräfte. Die Motive sind Tier- oder Vogelgesichter mit Ornamenten.

Bedeutungen als Talisman oder Amulett: Es steht für einen klaren Geist und die Abwehr negativer Energien.

Grüner Mann

Herkunft: Keltischer Schutzgeist des Waldes - auch »großer Heiler, dessen Wörter Blätter sind«.

Symbole: Symbolisiert planetare Energien, die Einheit der Erde und ist das männliche Gegenstück zur »Mutter Natur«.

Bedeutungen als Talisman oder Amulett: Unterstützt sämtliche Vorhaben seines Trägers und steht für Fruchtbarkeit und Sexualität.

Myrddin (Merlin) Stab

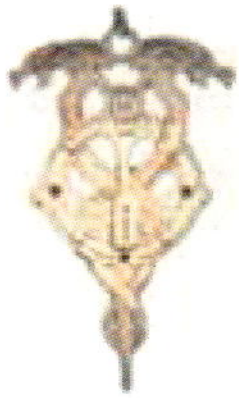

Herkunft: Vom jungen Merlin für den Barbarenkönig Vortigen erschaffen.

Symbole: Der Stab mit zwei Drachen symbolisiert die Urkraft der Erde. Das Amulett zeigt Merlins Drachenmagie, die nur von den stärksten und mächtigsten Druiden der Kelten beherrscht wurde. Es symbolisiert auch die aufsteigende Kundalinenergie.

Bedeutungen als Talisman oder Amulett: Dieses Amulett soll seinem Träger das Zweite Gesicht verleihen.

Drachen der Wyrd

Herkunft: Die Wyrd-Magie war eine Drachenmagie

Symbole: Drachen symbolisieren die Urkraft der Erde. Die beiden Drachen blicken nach innen und zu ihren Füßen befindet sich das dreifache Symbol der großen Dreifachen Göttin.

Bedeutungen als Talisman oder Amulett: Dieses Amulett besitzt eine stark mythisch-magische Energie.

Keltisches Katzenamulett

Herkunft: Keltisches Wappensymbol.

Symbole: Die Katze, mit ihren neun Leben galt bei den Keltischen als Wächter und Beschützer. Deshalb schmückten viele Wappen von Stämmen und Clans Katzenbildnisse. Desweiteren galten sie, ähnlich der Krähe, den Hexen als Helferinnen.

Bedeutungen als Talisman oder Amulett: Schutz der Familie und des Besitzes.

Keltischer Seeadler

Herkunft: Keltisches Wappensymbol.

Symbole: Er symbolisiert den Geist, den Himmel und die Wiedergeburt.

Bedeutungen als Talisman oder Amulett: Steht für Geist, Seele, Wiedergeburt.

Schlangenschild

Herkunft: Es ist das menschliche Ursymbol für Leben.

Symbole: Die Schlange steht am Anfang der Schöpfung. Als Symbol der Fruchtbarkeit ist sie mit der Erde und dem Wasser assoziiert. Sie gehört zu den Urerfahrungen der Menschheit. Die Schlange gilt als Hüterin der heiligen Bezirke und der Unterwelt. Sie ist Seelentier und gilt als Sexualsymbol.

Bedeutungen als Talisman oder Amulett: Amulett für innere Stärke, Erneuerung, Heilung, Weisheit und Schutz.

Boudica Amulett

Herkunft: Große Kriegerin von Albion, berühmte Königin der Kelten. Sie führte eine Aufstand gegen die römischen Besatzer. Sie war eine Schwertkämpferin, die ihre beiden Schwerter mit tödlicher Präzision zu führen wußte.
Bedeutungen als Talisman oder Amulett: Tapferkeit, Ausdauer, Mut und Zähigkeit, Durchhaltevermögen, Beharrlichkeit.

Sheela Na Gig

Herkunft: Sie ist die irische Schutzgöttin der inneren Reise. Ihr Name bedeutet »Hexe« oder »Häßliches altes Weib«.
Symbole: Dargestellt wird sie mit einem grinsenden, oft skelettartigen Gesicht, riesigen Gesäßbacken, vollen Brüste und gebeugten Knien. Sie entblößt sich selbst, indem sie mit beiden Händen ihre Vagina offenhält und zur Schau stellt. In Irland symbolisiert Sheila Na Gig, die über Leben und Tod gebietende Göttin. Sie kennt das Geheimnis und den Ursprung des Lebens.

Bedeutungen als Talisman oder Amulett: Sie hilft, die richtigen Entscheidungen zu treffen und dabei auf das eigene unbewußte und intuitive Wissen zu vertrauen. Sie steht für Lachen und Leidenschaft, Geburt und Tod, Sexualität und Alter.

Keltisches Hundeamulett

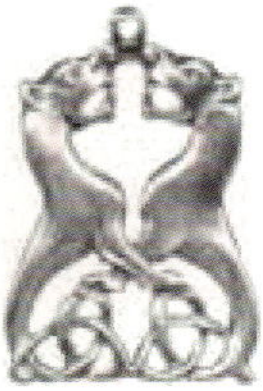

Herkunft: Keltisches Wappensymbol.
Symbole: Die Hunde symbolisieren die männlichen und weiblichen Begleiter der keltischen Gottheiten.
Bedeutungen als Talisman oder Amulett: Sie stehen, weiblich gesehen für Fruchtbarkeit und Heilung und männlich gesehen für Jagd und Kampf.

Chalice-Brunnen Amulett

Herkunft: Der Chalice-Brunnen, nach dessen Deckplatte dieser Anhänger gestaltet wurde, befindet sich in der Abtei von Glastonbury – dem früheren Avalon.
Symbole: Die drei Kreise der Deckplatte symbolisieren die drei keltischen Welten und verbinden so die göttliche Oberwelt, mit der Unterwelt der Toten und der Mittelwelt der Menschen.
Bedeutungen als Talisman oder Amulett: Dimensionstor zu anderen Welten. Das Amulett soll die Intuition und das Einfühlungsvermögen seines Trägers steigern.

Cliodhnas Vögel

Herkunft: In der keltischen Mythologie war Cliodhna die schönste Frau der Welt. Sie wurde immer von drei magischen Vögeln begleitet, die so schön sangen, daß Kranke in einen heilsamen Schlaf vielen.

Bedeutungen als Talisman oder Amulett: Gesundheit, Schönheit, Vitalität.

Cuchulainn Hund

Herkunft: Der berühmteste Krieger der irischen Mythologie ist Cuchulainn. Mit siebzehn Jahren tötete er noch unter dem Namen Setanta den rasenden Hund Culainns des Schmiedes durch einen Stockschlag.

Bedeutungen als Talisman oder Amulett: Kraft, Erfolg, erreichen von Zielen.

Fintan´s Lachs

Herkunft: Über 5000 Jahre alte irische Mythengestalt, die sich als Gestaltswandler magisch in einen Fisch verwandeln konnte.

Symbole: Der Lachs steht symbolisch für Weisheit.

Bedeutungen als Talisman oder Amulett: Steht für Wandlung und Transformation sowie für das Bewirken von Wundern.

Keltischer Drachen

Symbole: Das Amulett symbolisiert Merlins Drachenmagie, die nur von den stärksten und mächtigsten Druiden der Kelten beherrscht wurde.

Bedeutungen als Talisman oder Amulett: Es schenkt Führungsqualität und Führungskraft sowie die damit verbundene Weisheit.

Gaelach

Herkunft: Name bedeutet auf irisch/gälisch »Blauer Mond«.

Symbole: Es steht symbolisch für die große Göttin und Ihre lunaren, weiblichen Kräfte.

Bedeutungen als Talisman oder Amulett: Zur Verstärkung der weiblichen Intuition, bei der Visionssuche, und zur Extase. Als Schutz für die Leibesfrucht bei Schwangeren. Zur Unterstützung von Magie und Hexenkraft.

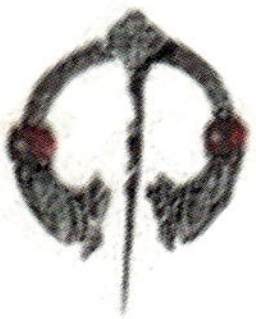

Rabenbrosche

Herkunft: Der Rabe symbolisierte bei den Kelten den Gott der Unterwelt.

Symbole: Er galt als Verkünder von Unglück und Tod, aber auch als Beschützer für diejenigen, die seine Gunst erwarben. Er war ein heiliges Tier für Hexen und Magier sowie ein Bote zu den Anderswelten.

Bedeutungen als Talisman oder Amulett: Er steht für Tod Wiedergeburt, für die Transformation und die Reinigung jedoch auch für die Schicksalsfügungen im Rad des Seins.

Stonehenge

Herkunft: Der Megalithsteinkreis bei Salisbury wurde ca. 2500–2000 v.Chr. erbaut.

Symbole: Zwei große Steinkreise nach den Positionen von Sonnenwende und Tagundnachtgleiche angeordnet. Es soll über Erdenergieknoten (Kraftort) verfügen. Diesen Steinkreisen wurden, wie vielen anderen Steinkreisen auch, heilende Energie zugesprochen. Desweiteren sagt man Stonehenge starke magische Kräfte nach.

Bedeutungen als Talisman oder Amulett: Dieses Amulett soll die Inspiration fördern und Körper und Geist vitalisieren.

Göttin der Dreieinigkeit

Herkunft: Morrigan – Keltische Muttergottheit mit drei Gesichtern.
Symbole: Als Göttin Morrigan symbolisiert sie die drei Phasen der Frau.
1. Die Jungfräulichkeit (Die Göttin der Fruchtbarkeit und die Göttin des Mondes).
2. Die Mutter (Die Kriegsgöttin).
3. Die Greisin (Die weise Frau und die Todesbotin).

Bedeutungen als Talisman oder Amulett: Segen für Liebe und Harmonie.

Keltische Sternzeichen

Sidellu Gwynder

Herkunft: Keltischer Ziegen-Hirsch bedeutet »wirbelnde weiße Kraft«.
Sternzeichenzeit: 1. Janunar–22. Januar.
Symbole: Mythische keltische Ziege, die man um die Wintermitte um die sieben Hügel von Ascot laufen sieht.

Bedeutungen als Talisman oder Amulett: Menschen dieses Sternzeichens sollen andere Menschen gut beurteilen und analysieren können, sowie ihre Absichten und Hintergedanken leicht durchschauen. Es steht für zielorientierte Menschen und ausgeprägte aktive Sexualität mit entsprechender Anziehungskraft auf das andere Geschlecht.

Imbolc

Herkunft: Keltisches Zeichen für die Feuergöttin Brid Brighid.
Sternzeichenzeit: 23. Januar–13. Februar.
Symbole: Das keltische Fest Imbolic stand für die Wiederkehr der Sonne (heute Lichtmess). Brid war die Schutzkönigin der schönen Künste.
Bedeutungen als Talisman oder Amulett: Innere und äußere Schönheit, Reinheit, Unschuld, Kunstgeschick.

Cwn Annan

Herkunft: Keltisches Zeichen für die Hunde der Unterwelt.
Sternzeichenzeit: 14. Februar–8. März.
Symbole: Am Abend des heiligen Davids (Schutzpatron von Wales) jagen diese Hunde lt. keltischer Mythologie (Geschichtensammlung ›Mabinogion‹) über den kalten, nächtlichen Winterhimmel.
Bedeutungen als Talisman oder Amulett: Unbewußte tiefe Verbindung zum eigen Selbst. Zugang zur magisch- mystischen Seite des eigenen Wesens. Zugang zu den innersten, verborgenen Geheimnissen.

Alban Eiler

Herkunft: Keltisches Zeichen für die Frühlings Tagundnachtgleiche.
Sternzeichenzeit: 9.–31. März.
Symbole: Der weiße Schwan – ein heiliger Vogel – ist das Symbol für die Braut des keltischen Sonnengottes.
Bedeutungen als Talisman oder Amulett: Eleganz, Grazie, Harmonie, das unschuldige Erwachen des Frühlings und die harmonische, in sich ruhende Kraft dieser Zeit.

Twr Tewdws

Herkunft: Keltisches Zeichen für das Sternbilds der Plejaden.

Sternzeichenzeit: 1.–23. April.

Symbole: Sieben Sterne – sieben Priesterinnen der keltischen Magie – sieben Schutzgöttinnen der zu dieser Zeit bekannten sieben Planeten unseres Sonnensystems.

Bedeutungen als Talisman oder Amulett: Neue Dinge beginnen; aus der Impulsivität heraus leben und handeln; frische Ideen spontan und konsequent umsetzen; bedingungslos zu den eigenen Überzeugungen stehen.

Beltane

Herkunft: Keltisches Zeichen für »leuchtendes Feuer« oder Feuer des Bel, des Sonnen und Lichtgottes. Beltane (Nacht vom 31.4 zum 1.5) ist das wichtigste keltische Jahreskreisfest; ein Feuer- und Fruchtbarkeitsfest.

Sternzeichenzeit: 24. April–16. Mai.

Symbole: Das Drachenfeuer ist das keltische Sinnbild für die wiederkehrende Sonnenkraft. Der Drache verkörpert Kraft, Ungezähmtheit und Angriffslust und war oft Sinnbild für die keltischen Krieger und Helden.

Bedeutungen als Talisman oder Amulett: Chaos, der wilden Energien und der Liebe und Vereinigung. Kraft; Energie; Leidenschaft; Fruchtbarkeit, Unbeschwertheit und sorgloses Leben.

Sidhe

Herkunft: Keltisches Zeichen für »Volk von den (Zauber-) Bergen« oder »Feen/Elfenvolk«.
Sternzeichenzeit: 17. Mai–8. Juni.
Symbole: Die Zeit des Zwielichts.
Bedeutungen als Talisman oder Amulett: Be- und verzauberte Wesenseigenschaften; das zweite Gesicht um Wesen aus der Anderswelt zu sehen. Die Kraft der Sidhes kann weise oder verrückt machen.

Heulsaf Yr Haf

Herkunft: Keltisches Zeichen für die Sommersonnenwende.
Sternzeichenzeit: 9. Juni–1. Juli.
Symbole: Der höchste Stand der Sonne im keltischen Jahreskreis.
Bedeutungen als Talisman oder Amulett: Reichtum und Erfolg, Anziehungskraft, Optimismus und Selbstbewußtsein.

Ser Kai

Herkunft: Keltisches Zeichen für Sirius, den Hundestern.
Sternzeichenzeit: 2.–24. Juli.
Symbole: Der Hundestern symbolisiert die wärmste Jahreszeit der Kelten (Hundstage).
Bedeutungen als Talisman oder Amulett: Die Energien werden auf das wesentliche beschränkt, jedoch lodert das innere Feuer um bei Gebrauch aktiv zu werden.

Lughnasagh

Herkunft: Das keltische Zeichen für das Erntedankfest Lughnasagh und den Lichtgottes Lugh.

Sternzeichenzeit: 25. Juli–16. August.

Symbole: Das Schwert des Lugh aus Licht und Dunkelheit

Bedeutungen als Talisman oder Amulett: Hilft, die Intuition zu kräftigen. Für künstlerisches Geschick, Inspiration der Poesie, Vielseitigkeit und gestalterische Fähigkeiten.

Mourie (Maree)

Herkunft: Keltisches Zeichen für den heilige Hain von Maree

Sternzeichenzeit: 17. August–8. September.

Symbole: Der Druidenbaum ist das Symbol für die Verehrung der Bäume und die Heilung der Natur.

Bedeutungen als Talisman oder Amulett: Für eine innige Verbindung zur Natur, Heilkraft aus der Natur.

Alban Elfed

Herkunft: Keltisches Zeichen für das zweite Entedankfest und für die Herbst-Tagundnachtgleiche. Steht für den Übergang vom Herbst in den Winter.

Sternzeichenzeit: 9. September–1. Oktober.

Symbole: Der Hirsch, das heilige Tier des Alban Elfed Festes steht für Cernunnos (gehörnter Gott der Fruchtbarkeit), dem Herrn des Waldes.

Bedeutungen als Talisman oder Amulett: Es steht für Stärke und natürliche Kraft. Für Würde, Geduld, Ausdauer und Standhaftigkeit. Es fördert die Lebenskraft.

Keyne

Herkunft: Keltisches Zeichen für Keyne, die Tochter des walisischen Königs Brychan.

Sternzeichenzeit: 2.–24. Oktober.

Symbole: Die Schlange war für die Kelten ein wichtiges Glaubenssymbol. Nach der keltischen Mythologie verwandelten die Priester von Keyne die Schlangen eines Waldes in Stein und verhalfen symbolisch so dem Christentum zum Sieg.

Bedeutungen als Talisman oder Amulett: Großes Glück; Die Kraft von Geduld und Weisheit sowie das Vermögen diese einzusetzen.

Samhaim

Herkunft: Keltisches Zeichen für das keltische Neujahrsfest Samhain Sam = Sommer Huin = Ende (auch 3. keltisches Entedankfest) am 31. Oktober. Dieses Fest ist bei uns als Halloween bekannt. In dieser Nacht ist die Verbindung zur Anderswelt sehr stark und die Toten können ihren Verwanden und Freunde einen Besuch abstatten.

Sternzeichenzeit: 25. Oktober–16. November.

Symbole: Das Samhain-Fest ist der Rabengöttin Morrigan geweiht. Die »schwarze Krähe der Schlacht« ist eine Kriegsgöttin, die sich an blutigen Schlachten erfreut. Sie erscheint als Rabe, Krähe oder Frau, die von einem dieser Vögel begleitet wird.

Bedeutungen als Talisman oder Amulett: Übernatürliche Magie; außergewöhnliche innere Stärke und einen besonderen Bezug zu übernatürlichen Dingen. Voraussicht, Weitsicht, die Kraft und die Zeit den inneren, geistigen Körper zu stärken.

Hop Tu Naa

Herkunft: Keltisches Zeichen für die »schielende Hexe«.
Sternzeichenzeit: 17. November–9. Dezember.
Symbole: Das Pentagramm symbolisiert magische Fähigkeiten.
Bedeutungen als Talisman oder Amulett: Klare Ziele und deren Verfolgung, Durchhaltevermögen, magische Fähigkeiten und Gespür für das Übersinnliche.

Heulsaf Y Gaeaf

Herkunft: Keltisches Zeichen für die Wintersonnenwende (Yule), dem Fest der Wiederkehr der Sonne und des Lichts. Die Nacht der Mutter ist das größte Fest aller Hexen. Mit Nachtwachen, Tanz und Gesang begrüßen sie das Licht.
Sternzeichenzeit: 10.–31. Dezember.
Symbole: Der Mond beherrschte die Winternächte. Am sechsten Tag des Mondzyklus sammelten die Druiden in den Wäldern ihre heiligen Mistelzweige. Noch heute werden die Häuser mit Misteln und Tannenzweigen geschmückt, um das Frühjahr herbeizurufen.

Bedeutungen als Talisman oder Amulett: Umkehr, neuer Anfang, Erneuerung, Reinigung, Wende; auch Charisma und starke natürliche Anziehungskraft.

Östliche Talismane und Amulette

Shou

Herkunft: Altes chinesisches Symbol der Sonne. Shou oder Shouxing ist der Gott für Gesundheit und langes Leben.
Symbole: Er wird gern dargestellt mit einer hohen Stirn, einem Pfirsich und einem Drachenstab. Das abgebildete Symbol ist das Schriftzeichen für »Langes Leben«.
Bedeutungen als Talisman oder Amulett: Es steht für Gesundheit, Glück, ein langes Leben und für die Unsterblichkeit der Seele.

Schuriken

Herkunft: Wurfstern, der gerne von den »Ninja« benutzt wird.
Symbole: Schutzamulett gegen Panik.
Bedeutungen als Talisman oder Amulett: Es ist ein Schutzamulett, welches in Gefahrensituation die Geistesgegenwart bewahren soll.

Mitsu Domo

Herkunft: Japanisches Sonnensymbol.
Symbole: Drei ineinander übergehenden Kreise symbolisieren den Lauf der Sonne am Himmel – den Tag, die Dämmerung, die Nacht. Steht für die stetige Veränderung im Leben.
Bedeutungen als Talisman oder Amulett: Es soll als Schutzamulett vor allen negativen Kräften schützen und die Intuition schärfen.

Yin Yang

Herkunft: Yin und Yang sind die beiden Grundkräfte, die das Chi (universelle Lebenskraft) aufspalten.

Symbole: Yin symbolisiert das Weibliche, Yang das Männliche. Sie stehen für das Gleichgewicht im Kosmos und die Vereinigung der Gegensätze. Das Wellenspiel symbolisiert die Wechselkräfte und das Ineinanderfließen der Elemente.

Bedeutungen als Talisman oder Amulett: Zur Harmonisierung des geistigen Gleichgewichts. Es steht für Freundschaft, Partnerschaft, Liebe und Ausgleich.

Fünf Segen

Herkunft: Universelles chinesisches Symbol.

Symbole: Fünf Fledermäuse umringen das Zeichen der Vollbringung und des allgemeinen Glücks. Sie tragen die guten Taten in die Welt.

Bedeutungen als Talisman oder Amulett: Glück, Gesundheit, Frieden, Reichtum und langes Leben.

Chinesische Glücksmünze

Herkunft: Uralte (erste) Münze in China.

Symbole: Münze mit vier Symbolen und viereckigem Loch (zum Aufhängen). Sie wird heute gerne im Feng Shui eingesetzt.

Bedeutungen als Talisman oder Amulett: Sie steht für Reichtum, Vermögen, Erfolg, Gesundheit und ein glückliches Leben, für ein glückliches Schicksal.

Koreanische Glücksmünze

Herkunft: Li-Dynastie (17.–19. Jhdt.).

Symbole: Die vier Symbole sind SU – ein langes Leben, PU – Reichtum, KONGNJONG – Gesundheit und Frieden sowie JUHODOK – einen natürlichen Tod.

Bedeutungen als Talisman oder Amulett: Für Geschick, Wohlergehen, Glück, Erfolg in der Freundschaft und Liebe.

Acht Trigramme (Pah Kwa-Bagua)

Herkunft: Die Herkunft wird auf Kaiser Fu Hsi zurückgeführt (2850 v. Chr.).

Symbole: Die Trigramme sind gewöhnlich an einem Achteck angeordnet und dienen als Schutz und als Abwehrsymbol. Die tiefere Deutung wird ausführlich im »I Ging« (Buch der Wandlung) erklärt, auch die Grundlage der taoistischen Philosophie ist. Die acht Trigramme stehen für die Lebensziele im Alltag.

Bedeutungen als Talisman oder Amulett: Sie wird als Glücksbringer getragen und soll zu Reichtum verhelfen. Sie schützt gegen böse Geister und vor schlechten Einflüssen.

Shou – Langes Leben

Herkunft: Chinesisches Symbol der Langlebigkeit.
Symbole: Ein langes Leben birgt die Möglichkeit von Weisheit und Erleuchtung sowie viel Erfahrungen, die an die Nachkommen weitergegeben werden können.
Bedeutungen als Talisman oder Amulett: Das Amulett soll die Gesundheit und Leistungsfähigkeit von Körper und Geist stärken und bewahren.

Qi – Energie

Herkunft: Chinesisches Qi-Symbol.
Symbole: Die Qi-Energie wird als die Energie bezeichnet, die alles Leben bedingt, Sie ist die kosmische Energie oder Ur-Energie.
Bedeutungen als Talisman oder Amulett: Dieses Amulett soll uns bewußt mit der Qi-Energie verbinden und in Einklang bringen, sodaß sie uns durchströmt und wir sie im Leben einsetzen können.

Bao – Schutz

Herkunft: Chinesisches Schutzsymbol.
Bedeutungen als Talisman oder Amulett: Das Schutzamulett soll vor allem Übel und schlechten Einflüssen schützen. Es hilft in jeder Situation kurz- und langfristig.

Glück

Herkunft: Chinesisches Glückssymbol.
Bedeutungen als Talisman oder Amulett: Dieses Amulett soll dem Träger Glück in jeder Situartion und auf allen Ebenen bringen.

Xi – Reichtum

Herkunft: Chinesisches Symbol für Reichtum.
Bedeutungen als Talisman oder Amulett: Für das Bewußtsein der fließenden Energie von Geben und Nehmen und den dahinter stehenden Gesetzen. Es soll geistig und materiell das Leben bereichern.

Zhi – Weisheit

Herkunft: Chinesisches Symbol der Weisheit.
Bedeutungen als Talisman oder Amulett: Es unterstützt die Energie von Intelligenz und Wissen auf der unteren Ebene, jedoch auch das höhere Wissen, welches zu Erleuchtung und Weisheit führt. Der Zugang zu den inneren Quellen des Wissens wird geöffnet.

Lin – Geist

Herkunft: Chinesisches Seele/Geist Symbol.
Bedeutungen als Talisman oder Amulett: Für das Bewußtsein und die Zuführung zu unseren unbewußten Seelenteilen. Unterstütz die Verbindung zum Absoluten und zum Göttlichen.

Ai – Liebe

Herkunft: Chinesisches Zeichen für Liebe.
Bedeutungen als Talisman oder Amulett: Für das Bewußtsein Öffnung von Liebe und Harmonie. Der Einklang zur göttlichen Liebe und der Weg der Liebe zu Mensch und Natur wird verstärkt.

Chinesische Sternzeichen

Ratte

Jahreszahlen:

Metal	1900–1901	1960–1961
Wasser	1912–1913	1972–1973
Holz	1924–1925	1984–1985
Feuer	1936–1937	1995–1999
Erde	1948–1949	2008–2009

Chinesischer Name: Schu.

Bedeutungen als Talisman oder Amulett: Das Amulett soll die Eigenschaften des Sternzeichens unterstützen: Geselligkeit, Zähigkeit, Unabhängigkeit, Kreativität, Witz und Schlagfertigkeit, Strebsamkeit sowie den Einsatz von Intelligenz und Schläue.

Büffel

Jahreszahlen:

Metal	1901–1902	1961–1962
Wasser	1913–1914	1973–1974
Holz	1925–1926	1985–1986
Feuer	1937–1938	1997–1998
Erde	1949–1950	2009–2010

Chinesischer Name: Nyu.

Bedeutungen als Talisman oder Amulett: Das Amulett soll die Eigenschaften des Sternzeichens unterstützen: Fleiß, Belastbarkeit, Aufopferung, Verantwortung, Selbstbewußtsein, Einsatz, Geduld und Ruhe sowie Charakterstärke und Besonnenheit.

Tiger

Jahreszahlen:

Metal	1950-1951	2010-2011
Wasser	1902-1903	1962-1963
Holz	1914-1915	1974-1975
Feuer	1926-1927	1986-1987
Erde	1938-1939	1998-1999

Chinesischer Name: Hu.

Bedeutungen als Talisman oder Amulett: Das Amulett soll die Eigenschaften des Sternzeichens unterstützen: Mut, Aktivität, Großzügigkeit und Warmherzigkeit, Optimismus und Selbstsicherheit, aber auch Charme, Empfindsamkeit und Überreaktion.

Hase

Jahreszahlen:

Metal	1951–1942	2011–2012
Wasser	1903–1904	1963–1964
Holz	1915–1916	1975–1976
Feuer	1927–1928	1987–1988
Erde	1939–1940	1999–2000

Chinesischer Name: Tu.

Bedeutungen als Talisman oder Amulett: Das Amulett soll die Eigenschaften des Sternzeichens unterstützen: Klugheit, Geselligkeit, Loyalität, Friedfertigkeit, Sensibilität, Umgänglichkeit, Geduld und Beständigkeit, aber auch Schlagfertigkeit, Mißtrauen, Ängstlichkeit und Zynismus.

Drache

Jahreszahlen:

Metal	1940–1941	2000–2001
Wasser	1952–1953	2012–2013
Holz	1904–1905	1964–1965
Feuer	1916–1917	1976–1977
Erde	1928–1929	1988–1989

Chinesischer Name: Lung.

Bedeutungen als Talisman oder Amulett: Das Amulett soll die Eigenschaften des Sternzeichens unterstützen: Großzügigkeit, Optimismus, Ehrlichkeit und Aufrichtigkeit, Stolz, Risikofreude und Hilfbereitschaft, Kreativität und Originalität, Furchtlosigkeit, aber auch Selbstüberschätzung, Respektlosigkeit, Intoleranz und Rechthaberei.

Schlange

Jahreszahlen:

Metal	1941–1942	2001–2002
Wasser	1953–1954	2013–2014
Holz	1905–1906	1965–1966
Feuer	1917–1918	1977–1978
Erde	1929–1930	1989–1990

Chinesischer Name: Schi.

Bedeutungen als Talisman oder Amulett: Das Amulett soll die Eigenschaften des Sternzeichens unterstützen: Intelligenz und Scharsinnigkeit, Kultiviertheit, Intuition, Friedfertigkeit und Aufmerksamkeit, Eleganz und Zärtlichkeit, aber auch Unbeständigkeit, Mißtrauen und Selbstsucht.

Pferd

Jahreszahlen:

Metal	1930–1931	1990–1991
Wasser	1942–1943	2002–2003
Holz	1954–1955	2014–2015
Feuer	1906–1907	1966–1967
Erde	1918–1919	1978–1979

Chinesischer Name: Mu.

Bedeutungen als Talisman oder Amulett: Das Amulett soll die Eigenschaften des Sternzeichens unterstützen: Offenheit, Charme, Kultiviertheit, Intuition, Hilfsbereitschaft, Unabhängigkeit, Organisationstalent, Aufmerksamkeit, Eleganz, Originalität und Freundlichkeit, aber auch Neid, Schwatzhaftigkeit und Unentschlossenheit.

Ziege/Schaf

Jahreszahlen:

Metal	1931–1932	1991–1992
Wasser	1943–1944	2003–2004
Holz	1955–1956	2015–2016
Feuer	1907–1908	1967–1968
Erde	1919–1920	1979–1980

Chinesischer Name: Yang.

Bedeutungen als Talisman oder Amulett: Das Amulett soll die Eigenschaften des Sternzeichens unterstützen: Unabhängigkeit, Hilfsbereitschaft, Aktivität, Enthusiasmus, Optimismus, Aufmerksamkeit, Geschick und Fröhlichkeit, aber auch Pessimismus, Unentschlossenheit und Oberflächlichkeit.

Affe

Jahreszahlen:

Metal	1920–1921	1980–1981
Wasser	1932–1933	1992–1993
Holz	1944–1945	2004–2005
Feuer	1956–1957	2016–2017
Erde	1908–1909	1968–1969

Chinesischer Name: Hou.

Bedeutungen als Talisman oder Amulett: Das Amulett soll die Eigenschaften des Sternezeichens unterstützen: Aktivität, Hilfsbereitschaft, Herzlichkeit, Optimismus, Geselligkeit, Unabhängigkeit, Geschick und Fröhlichkeit, aber auch Unbeständigkeit, Schwatzhaftigkeit und Ungeduld.

Hahn

Jahreszahlen:

Metal	1921–1922	1981–1982
Wasser	1933–1934	1993–1994
Holz	1945–1946	2005–2006
Feuer	1957–1958	2017–2018
Erde	1909–1910	1969–1970

Chinesischer Name: Yi.

Bedeutungen als Talisman oder Amulett: Das Amulett soll die Eigenschaften des Sternezeichens unterstützen: Mut, Stolz, Kühnheit, Gerechtigkeit, Originalität, Fleiß und Wißbegier, aber auch Neugier, Naivität und Intoleranz.

Hund

Jahreszahlen:

Metal	1910–1911	1970–1971
Wasser	1922–1923	1982–1983
Holz	1934–1935	1994–1995
Feuer	1946–1947	2006–2007
Erde	1958–1959	2018–2019

Chinesischer Name: Gou.

Bedeutungen als Talisman oder Amulett: Das Amulett soll die Eigenschaften des Sternzeichens unterstützen: Treue, Mut und Ehrlichkeit, Unabhängigkeit, Großzügigkeit, Humor, Edelmut und Verantwortungsbewußtsein, aber auch Sprunghaftigkeit, Mißtrauen und Pessimismus.

Schwein

Jahreszahlen:

Metal	1911–1912	1971–1972
Wasser	1923–1924	1983–1984
Holz	1935–1936	1995–1996
Feuer	1947–1948	2007–2008
Erde	1899–1900	1959–1960

Chinesischer Name: Ju.

Bedeutungen als Talisman oder Amulett: Das Amulett soll die Eigenschaften des Sternzeichens unterstützen: Großzügigkeit, Selbstsicherheit, Stärke, Warmherzigkeit, Optimismus, Ehrlichkeit und Geselligkeit, aber auch Naivität, Geschwätzigkeit und Eigensinnigkeit.

Sternzeichen Amulette

Widder

Sternzeichenzeit: 21. März–20. April.
Bedeutungen als Talisman oder Amulett: Das Amulett soll die Eigenschaften des Sternzeichens unterstützen: Dynamik, Spontanität, Risikofreude, Humor, Ehrlichkeit, Enthusiasmus, Unabhängigkeit, Selbstsicherheit und Humor, aber auch Dickköpfigkeit, Impulsivität und Ungeduld.

Stier

Sternzeichenzeit: 21. April–21. Mai.
Bedeutungen als Talisman oder Amulett: Das Amulett soll die Eigenschaften des Sternzeichens unterstützen: Sinnlichkeit, Romantik, Geduld, Ausdauer, Stärke und Bodenständigkeit, Sensibilität, Zärtlichkeit, Naturbewußtsein und Treue, aber auch Eigenwille, Geiz und Sturheit.

Zwilling

Sternzeichenzeit: 22. Mai–21. Juni.
Bedeutungen als Talisman oder Amulett: Das Amulett soll die Eigenschaften des Sternezeichens unterstützen: Neugierde, Intelligenz, Witz, Vielseitigkeit, Kontaktfreude, Soziales Engagement, Objektivität und Aufmerksamkeit, aber auch Ruhelosigkeit, Nervosität und Unentschlossenheit.

Krebs

Sternzeichenzeit: 22. Juni–22 Juli.
Bedeutungen als Talisman oder Amulett: Das Amulett soll die Eigenschaften des Sternezeichens unterstützen: Mitgefühl, Empfindsamkeit, Phantasie, Familiensinn, Intuition, Feinfühligkeit, Gefühl und Hilfsbereitschaft, aber auch Launen, Empfindsamkeit, Unselbständigkeit und Sentimentalität.

Löwe

Sternzeichenzeit: 23. Juli–22. August.
Bedeutungen als Talisman oder Amulett: Das Amulett soll die Eigenschaften des Sternzeichens unterstützen: Großzügigkeit, Mut, Warmherzigkeit, Selbstbewußtsein und Selbstvertrauen, Unerschrockenheit, Kraft, Begeisterungsfähigkeit, Willensstärke, Entschlossenheit und Würde, aber auch Dominanz, Stolz, Egoismus und Verschwendung.

Jungfrau

Sternzeichenzeit: 23. August–22. September.
Bedeutungen als Talisman oder Amulett: Das Amulett soll die Eigenschaften des Sternzeichens unterstützen: Aufmerksamkeit, Nachdenklichkeit, Ordnungsliebe, Praktisches Denken, Klarheit, Methodik, Zuverlässigkeit, Fleiß, Sparsamkeit, Bescheidenheit, Nachdenklichkeit, aber auch Mißtrauen, Intoleranz, Kritikfreudigkeit und Ängstlichkeit.

Waage

Sternzeichenzeit: 23. September–22. Oktober.
Bedeutungen als Talisman oder Amulett: Das Amulett soll die Eigenschaften des Sternzeichens unterstützen: Anpassungsfähigkeit, Sinnlichkeit, Kontaktfreudigkeit, Friedfertigkeit, Diplomatie, Höflichkeit, kooperationsbereitschaft und Aufgeschlossenheit, aber auch Konfliktscheue, Bequemlichkeit, Oberflächlichkeit und Eitelkeit.

Skorpion

Sternzeichenzeit: 23. Oktober–21. November.
Bedeutungen als Talisman oder Amulett: Das Amulett soll die Eigenschaften des Sternzeichens unterstützen: Leidenschaft, Unergründlichkeit, Mut, Loyalität, Wahrheitssuche, Cleverness, Hartnäckigkeit, Ausdauer und Belastbarkeit, aber auch Skrupellosigkeit, Manipulation, Triebhaftigkeit und Jähzorn.

Schütze

Sternzeichenzeit: 22. November–20. Dezember.
Bedeutungen als Talisman oder Amulett: Das Amulett soll die Eigenschaften des Sternzeichens unterstützen: Dynamik, Freundlichkeit, Freiheitsliebe, Großzügigkeit, Impulsivität, Selbstbewußtsein, Zielorentiertheit, Optimismus, Ehrlichkeit und Direktheit, aber auch Maßlosigkeit, Eigensinn, Dogmatik und Egoismus.

Steinbock

Sternzeichenzeit: 21. Dezember–19. Januar.
Bedeutungen als Talisman oder Amulett: Das Amulett soll die Eigenschaften des Sternzeichens unterstützen: Konzentration, Willensstärke, Verschwiegenheit, Verantwortungsbewußtsein, Ausdauer, Disziplin, Realismus, Erfolgsstreben, Vorsicht, Stärke, aber auch Härte, Engstirnigkeit und Eigensinn.

Wassermann

Sternzeichenzeit: 20. Januar–18. Februar.
Bedeutungen als Talisman oder Amulett: Das Amulett soll die Eigenschaften des Sternzeichens unterstützen: Freiheitsliebe, Erfindungsreichtum, Individualität, Neugierde, Fortschritt, Originalität, Zuverlässigkeit, Treue und Unabhängigkeit, aber auch Unnahbarkeit, Wechselhaftigkeit, Ungeduld und Kälte.

Fische

Sternzeichenzeit: 19. Februar–20. März.
Bedeutungen als Talisman oder Amulett: Das Amulett soll die Eigenschaften des Sternzeichens unterstützen: Sanftmut, Sensibilität, Hilfsbereitschaft, Mitgefühl, Romantik, Selbstlosigkeit, Friedfertigkeit, Fantasie, und Kreativität, aber auch Hemmung, Unzuverlässigkeit, Chaos und Sentiment.

Schamanische Sternzeichen

Falke/Roter Habicht

Sternzeichenzeit: 21. März–19. April.
Bedeutungen als Talisman oder Amulett: Das Amulett soll die Eigenschaften des Sternzeichens unterstützen: Freiheitsliebe, Strategisches Planen, Weitsicht, Klarheit, Ungezähmtheit, Anpassungsfähigkeit und Optimismus.

Biber

Sternzeichenzeit: 20. April–20. Mai.
Bedeutungen als Talisman oder Amulett: Das Amulett soll die Eigenschaften des Sternzeichens unterstützen: Geduld und Ausdauer, Zutrauen, Zähigkeit, Sinnliche Genüsse, Klarheit, Balance, Zutrauen und Kreativität.

Hirsch

Sternzeichenzeit: 21. Mai–20. Juni.
Bedeutungen als Talisman oder Amulett: Das Amulett soll die Eigenschaften des Sternemzeichens unterstützen: Anmut, Grazie, Intelligenz und Weisheit, Optimismus, Kontaktfreudigkeit, Neugierde und Flexibilität.

Specht

Sternzeichenzeit: 21. Juni–21. Juli.
Bedeutungen als Talisman oder Amulett: Das Amulett soll die Eigenschaften des Sternzeichens unterstützen: Ausdauer, Zähigkeit, Mut, Freundschaft, Treue, Tatendrang, Kommunikation, Kreative Künste.

Lachs/Stör

Sternzeichenzeit: 22. Juli–21. August.
Bedeutungen als Talisman oder Amulett: Das Amulett soll die Eigenschaften des Sternezeichens unterstützen: Zähigkeit und Ausdauer, Entscheidungsfreude, tiefes Wissen, Eleganz und Anmut, Offenheit und Klarheit, Ehrgeiz, Selbstbewußtsein, Entscheidungsfreudigkeit, Sexualität, Hilfsbereitschaft und Großmut.

Braunbär

Sternzeichenzeit: 22. August–21. September.
Bedeutungen als Talisman oder Amulett: Das Amulett soll die Eigenschaften des Sternezeichens unterstützen: Kraft, Mut, Einsatz, Genuß, Freundschaft, Fairneß, Lebensfreude, Heilung, Beobachtungsgabe, Strebsamkeit, Arbeitseinsatz.

Rabe

Sternzeichenzeit: 22. September–22. Oktober.

Bedeutungen als Talisman oder Amulett: Das Amulett soll die Eigenschaften des Sternzeichens unterstützen: Soziales Engangement, Mut, Ausgeglichenheit, Freundschaft, Anpassungsfähigkeit, Flexibilität, Intelligenz, Weitsicht, Diplomatie, Gerechtigkeitssinn.

Schlange

Sternzeichenzeit: 23. Oktober–22. November.

Bedeutungen als Talisman oder Amulett: Das Amulett soll die Eigenschaften des Sternzeichens unterstützen: Geduld und Beharrlichkeit, Sexualität, Ehrgeiz, Durchsetzungsvermögen, Sensibilität, Gerechtigkeit, Kommunikation, Intelligenz.

Eule

Sternzeichenzeit: 23. November–21. Dezember.

Bedeutungen als Talisman oder Amulett: Das Amulett soll die Eigenschaften des Sternzeichens unterstützen: Wissen und Weisheit, Selbständigkeit und Eigenverantwortung; Freundschaft, Weitsicht, Geduld, Friede.

Schneegans

Sternzeichenzeit: 22. Dezember–19. Januar.
Bedeutungen als Talisman oder Amulett: Das Amulett soll die Eigenschaften des Sternzeichens unterstützen: Partnerschaft, Stabilität, Visionssuche, Arbeitseinsatz, Gefühle, Kommunikation und Gemeinschaftssinn.

Otter

Sternzeichenzeit: 20. Januar–18. Februar.
Bedeutungen als Talisman oder Amulett: Das Amulett soll die Eigenschaften des Sternzeichens unterstützen: Optimismus, Lebensfreude, Erfindungsreichtum, Originalität, Humor und Freude, Hilfsbereitschaft, Solidarität und Freundschaft, Menschlichkeit und Neugier.

Wolf

Sternzeichenzeit: 19. Februar–20. März.
Bedeutungen als Talisman oder Amulett: Das Amulett soll die Eigenschaften des Sternzeichens unterstützen: Gemeinschaftssinn, Stabilität, Freundschaft, scharfer Verstand, Suche nach Höherem, soziales Engagement, Treue.

Schamanische Talismane und Amulette

Adler – Krafttieramulett

Herkunft: Indianisches Krafttier.
Bedeutungen als Talisman oder Amulett: Steht für Freiheit und Ungebundenheit; gegen Ängste vor dem Unbekannte; hilft zur spirituellen Kontaktaufnahme mit dem Göttlichen und den höheren Sphären.

Bär – Krafttieramulett

Herkunft: Indianisches Krafttier.
Bedeutungen als Talisman oder Amulett: Steht für Freiheit, Mut und Stärke, hilft bei der Selbstreflexion. Unterstützt und kräftigt die Entschlossenheit für die anstehenden Veränderungen.

Bärentatze

Herkunft: Indianisches Ursymbol.
Bedeutungen als Talisman oder Amulett: Steht für Mut, Schutz und überlegtes Handeln. Es sorgt für neue Energie und Selbstbewußtsein. Fördert den persönlichen Einsatz und die innere Strebsamkeit.

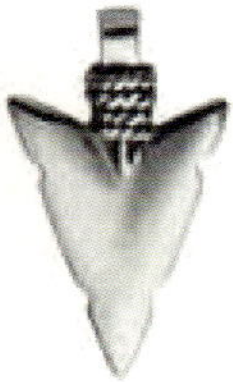

Pfeilspitze

Herkunft: Indianisches Ursymbol.
Symbole: Die Pfeilspitze gilt in vielen Kulturen der Erde als Glücksbringer mit vielfältigen Fähigkeiten.
Bedeutungen als Talisman oder Amulett: Sie soll vor Unheil und Krankheit bewahren. Gibt Schutz vor Feinden, Dieben und Einbrechern und soll vor dem »Bösen Blick« bewahren. Dient auch als Liebesglücksbringer (Amors Pfeil).

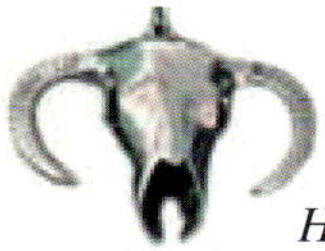

Büffelschädel

Herkunft: Indianisches Ursymbol.
Symbole: Symbolisiert die Kraft des »Großen Geistes« und gilt als heilig.

Bedeutungen als Talisman oder Amulett: Steht für Reichtum und Überfluß. Er soll die Verbindung mit dem Göttlichen (Großer Geist) unterstützen.

Thunderbird (Donnervogel)

Herkunft: Indianisches Ursymbol.
Symbole: Symbolisiert den Begleiter der Seelen in die ewigen Jagdgründe.
Bedeutungen als Talisman oder Amulett: Gilt als starker Glücksbringer und als allgemeines Schutzamulett.

Kokopelli (Flötenspiler)

Herkunft: Indianische Symbolfigur (ca. 200 v. Chr.).

Symbole: Diese Symbol stand bei den Indianern für Regen und Fruchtbarkeit.

Bedeutungen als Talisman oder Amulett: Es wird im allgemeinen als Glücksbringer getragen. Es stärkt die Musikalität, Individualität und steht für Fruchtbarkeit.

Medizinmann

Herkunft: Indianisches Ursymbol.

Symbole: Der Medizinmann (Schamane) steht bei den Indianern für Gesundheit und Wohlstand und spirituelle Führung.

Bedeutungen als Talisman oder Amulett: Es soll Krankheiten heilen und fernhalten, auf körperlicher und auch auf geistiger Ebene. Stärkt die Intuition und unterstützt die spirituelle Suche.

Medizinrad

Herkunft: Altes nordamerikanisches Indianersymbol.

Symbole: Es symbolisiert das menschliche Leben als Kreis von Geburt, Tod und Wiedergeburt, der wiederum eingebettet im Kreis der Natur und der Welt ist.

Bedeutungen als Talisman oder Amulett: Steht für Heilung und für die natürliche Ordnung aller Dinge. Hilft das Gleichgewicht aller Kräfte wiederherzustellen.

Tier Amulette

Schlange

Herkunft: Schlangensymbole kommen in fast allen Kulturkreisen vor.

Symbole: Hauptsymbolik ist die Sexualität, Spiritualität und Weisheit.

Bedeutungen als Talisman oder Amulett: Steht für Fruchtbarkeit und sexuelle Energie (Kundalini), Intelligenz, List, Scharfsinn und Weisheit, sowie die Energie der Wandlung (Häutung).

Elefant

Symbole: Steht für Weisheit und Kraft und gilt in China als einer der größten Glücksbringer.

Bedeutungen als Talisman oder Amulett: Steht für Kraft, Macht, Erinnerungsvermögen. Bewahrt vor Unglück in allen Lebensbereichen.

Wal/Walflosse

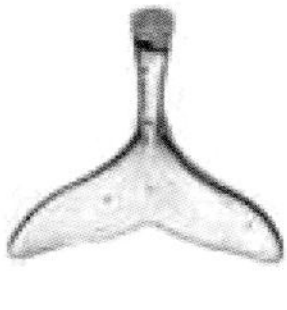

Symbole: Symbol für Familie und gutes Sozialverhalten sowie die Einheit von Mensch und Natur.

Bedeutungen als Talisman oder Amulett: Bringt innere Ruhe, geistiges Gleichgewicht. Er unterstützt unser spirituelles Wachstum, die geistige Reife und unseren Sinn für den Nächsten und für die Gemeinschaft.

Delphin

Symbole: Der Delphin symbolisiert in fast allen Kulturkreisen Weisheit, Friedfertigkeit und gilt als Helfer in Notsituationen.

Bedeutungen als Talisman oder Amulett: Steht für Intelligenz, Liebe, transzendente Weisheit, Klugheit, Kommunikation, Liebe und Freundschaft, Vitalität, Freiheit, spielerische Leichtigkeit. Er bringt Glück und hilft bei der Erfüllung von Wünschen.

Schildkröte

Herkunft: Mythologisches Symbol bekannt bei den Indianern, Römern, Griechen, Kelten, in Japan, China und Indien.

Symbole: Nach altem Glauben liegt die Erde auf dem Rücken einer Schildkröte.

Bedeutungen als Talisman oder Amulett: Steht für Langlebigkeit, Weisheit, Sensibilität, starkes Gefühlsleben, Beständigkeit und Ausdauer.

Fledermaus

Symbole: Die Fledermaus symbolisiert die dunkle Seite unserer Persönlichkeit. In China gilt sie als Glückssymbol.

Bedeutungen als Talisman oder Amulett: Es soll helfen das Böse fernzuhalten. Steht für Glück im Spiel und allen andern materiellen Wünsche.

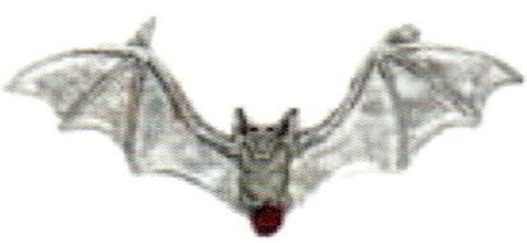

Wolf

Symbole: Der Wolf symbolisiert unsere Urinstinkte und Begierden.

Bedeutungen als Talisman oder Amulett: Steht für Kraft, Stärke, Selbstbehauptung, Treue zum Partner, Triebkraft, Animalität, Sexualität und Freiheit.

Adler

Symbole: Der Adler symbolisiert den Flug der Seele, die Freiheit und die Ehrfurcht vor dem Unbekannten. Er ist auch ein Symbol der Unsterblichkeit, des Geistes des Himmels und der Wiedergeburt.

Bedeutungen als Talisman oder Amulett: Übersicht, Kraft und Ausdauer und Schnelligkeit, Mächtigkeit, Mut, Weitblick.

Falke

Symbole: Er steht für Freiheit und Unabhängigkeit.

Bedeutungen als Talisman oder Amulett: Stärkt die eigene Individualität. Er steht für Selbständigkeit und Selbstbewußtsein. Für das Erkenn von Gelegenheiten und für die Schulung der Geduld.

Seepferd

Symbole: Das Seepferd symbolisiert die Ruhe und die Harmonie zwischen Land und Meer.

Bedeutungen als Talisman oder Amulett: Gibt dem Träger Ruhe und Ausgeglichenheit, Sanftmut, Frieden und Frieden.

Reiki-Symbolschmuck

Herkunft: Im Reiki wird ab dem 2. Grad mit bestimmten Symbolen und entsprechenden Mantren gearbeitet. Die folgenden Reiki-Lebenssymbole werden unter der Schirmherrschaft des Reikimeisters und Lehrers Dr. Allan Sweeney hergestellt und sind auf Frequenzen abgestimmt, die die beschriebenen Effekte erzeugen. Dazu sollte das Symbol innerhalb der Aura am Körper getragen werden.

Shinko

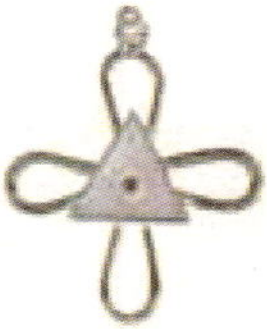

Symbole: Göttliches Wissen – Äthersymbol.
Bedeutungen als Talisman oder Amulett: Es soll die Liebesenergie des Idealgottes des Trägers bringen und diese soll Körper und Seele in ein Dasein der wahren Liebe tauchen. Zur Erlangung der höheren Liebe und zur Erreichung von höherem, mystischem Wissen.

Heisei

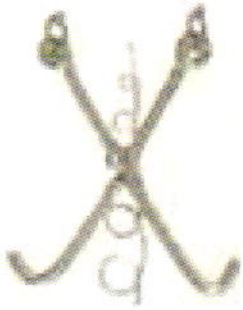

Symbole: Erdung und Ausgeglichenheit – Erdsymbol.
Bedeutungen als Talisman oder Amulett: Zur Aktivierung der Erdenergie. Für ein ausgeglichenes Leben in Harmonie mit der Natur, den Elementen und der Lebensumgebung. Bringt Bewußtheit und verhindert Tagträumerei.

Kanjyo

Symbole: Emotionale Stärke – Wassersymbol.
Bedeutungen als Talisman oder Amulett: Gegen tiefliegende emotionale Eindrücke und körperliche Erinnerungen, die von Traumatas und emotionalen Krisen aus diesem oder vorherigen Leben übriggeblieben sind. Zur Ablösung von Vergangenheitsmustern.

Senshin

Symbole: Positive Energie.
Bedeutungen als Talisman oder Amulett: Zur Umwandlung negativer Gedanken und Energien. Gegen Niedergeschlagenheit und Depressionen. Es bringt neue Zuversicht und eine positive Lebenseinstellung.

Mezameh

Symbole: Realitätsbewußtsein – Lebenssymbol.
Bedeutungen als Talisman oder Amulett: Gegen unbewußte Alltagszustände und Träumereien. Zur Erreichung eines klaren Realitätsbewußtseins. Für ein besseres Erinnerungsvermögen und für bewußtere und positivere Träume. Zur Erkennung der wahren Lebensziele der eigenen Seele.

Ai

Symbole: Universelle Liebe.
Bedeutungen als Talisman oder Amulett: Es wirkt in den Tiefen des eigenen spirituellen Seins und soll das höhere Bewußtsein auf die Ebene der universellen Liebe hinaufheben. Zur Heilung der Seele und zur spirituellen Führung, um Frieden durch die Einheit mit dem Göttlichen zu erreichen. Es unterstützt während der Meditation die Suche nach geistiger Erkenntnis und Erleuchtung.

Ren-Ai

Symbole: Liebevolle Beziehungen – Wassersymbol.
Bedeutungen als Talisman oder Amulett: Zur Harmonisierung emotionaler Energien. Heilung aller Beziehungsfesseln und Herzensangelegenheiten. Zur liebevollen und harmonischen Abstimmung aller emotionalen und intensiven menschlichen Gefühle gegenüber allen Wesen. Zur Aufgeschlossenheit und Annahmebereitschaft der Gefühle anderer.

Choku Rei

Symbole: Schutz – Lebenssymbol.
Bedeutungen als Talisman oder Amulett: Zur Heilung und Regeneration aller körperlichen Beschwerden und Krankheitsmuster. Als Selbstschutz und zur Unterstützung der universellen Kräfte.

Tamashi

Symbole: Schutzengelverbindung – Luftsymbol.
Bedeutungen als Talisman oder Amulett: Zur Erreichung des »Höheren Selbst«. Es soll helfen die Führung und den Schutz der eigenen Schutzengel zu aktivieren. Es unterstützt den Kontakt mit den geistigen Welten und soll das eigene mentale Bewußtsein in höhere, göttlichere Ebenen heben.

Jyonetsu

Symbole: Reinigung und Klarheit – Feuersymbol.

Bedeutungen als Talisman oder Amulett: Es dient der Klärung, geistigen Reinigung und Transformation des eigenen Selbst. Zur Unterstützung der Reinigung der Energiebahnen des Körpers und zur Befreiung und Loslösung falscher Gedankenstrukturen. Es erleichtert Änderungsprozesse des alltäglichen Lebens und hilft bei Entscheidungen, Klarheit und Emotionsfreiheit zu bewahren.

Reiki – universelle Energie

Symbole: Allgemeines Schriftzeichen für Reiki.

Indische Amulette

Om / Aum

Herkunft: Wichtigstes indisches Mantra zur Versenkung und Vereinigung mit dem Absoluten.

Symbole: Es symbolisiert die Essenz allen Seins. Om ist der Urton. Die drei Buchstaben stehen für drei Bewußtseinsebenen:

A für das Wachbewußtsein und die materielle Welt,
U für das Traumbewußtsein und
M für den Zustand des Tiefschlafes oder Erleuchtung.

Bedeutungen als Talisman oder Amulett: Es verhilft dem Träger zur Einigkeit mit dem Höheren Selbst. Stärkt die geistige und körperliche Schöpfungskraft und schützt vor der Verblendung des Geistes.

Rad der Gerechtigkeit

Herkunft: Nepal, Katmandu.

Symbole: In der Mitte das Om und außen die acht Speichen. Sie stellen den achtfachen Weg dar.

Bedeutungen als Talisman oder Amulett: Steht für ein langes Leben, ewige Liebe, spirituellen Reichtum, Erlösung vom Leiden, Abwehr von allem Bösen sowie Schönheit und persönliches Glück.

Phurba (Dämonendolch)

Herkunft: Buddhistischer Symboldolch.

Bedeutungen als Talisman oder Amulett: Schutz und Abwehr vor negativen Kräften.

Kali Yantra

Herkunft: Yantra der indischen Göttin Kali aus dem Mahayana Buddhismus.

Symbole: Ein Yantra ist ein Energiemuster. Das Viereck symbolisiert die vier Himmelsrichtungen; der Lotus die innere, kosmisch-geistige Realität, das Dreieck in der Mitte die Natur und Form der urweiblichen Energie (Göttin Kali = Symbol Wasser).

Bedeutungen als Talisman oder Amulett: Verhilft zur Einheit mit dem Absoluten, unterstützt das Bestreben zur Vollkommenheit und göttlicher Unterscheidungsfähigkeit und hilft, alle Hindernisse auf dem geistigen Pfad zu überwinden.

Shri Yantra

Herkunft: Ältestes indisches Yantra (ca. 12000 Jahre).

Symbole: Im Shri Yantra ist sowohl der »goldene Schnitt« als auch die Struktur des Wasserstoffatoms erkennbar. Nach der indischen Lehre, symbolisiert es die göttliche Urkraft, die alles Entstehen und Vergehen bewirkt. Die nach oben zeigenden Dreiecke symbolisieren die Elemente Feuer und Luft, die nach unten zeigenden, Wasser und Erde und somit den gesamten Aufbau der Schöpfung und Natur.

Bedeutungen als Talisman oder Amulett: Steht für universelle Liebe, göttliche Harmonie, Weisheit und Frieden. Großes innere Glück und geistige und körperliche Heilung. Abwehr aller negativer Energien und Gefahren.

Buddha

Herkunft: Indien. Buddha bedeutet »der Erleuchtete«.

Symbole: Der Buddha ist ein Ehrentitel für alle Menschen, die durch eigene Kraft die Erleuchtung (Buddha-Natur) erreicht haben.

Bedeutungen als Talisman oder Amulett: Zur Stärkung von Mitgefühl, Wahrhaftigkeit und Nachsicht. Es unterstützt die spirituelle Suche nach Erleuchtung und Weisheit. Es soll Reinheit, Mut und Willenskraft auf dem geistigen Weg verleihen.

Amida (Amithaba) Buddha

Herkunft: Der Amida-Buddhismus ist eine Schule des Mahayana Buddhismus aus Indien.

Symbole: Der Amida-Buddhismus personifiziert das höhere Selbst oder die Buddha-Natur als »Buddha Amitabha«, das bedeutet »grenzenloses Licht«.

Bedeutungen als Talisman oder Amulett: Unterstützt die Suche nach Mitgefühl und Weisheit. Hilft, sich von allen Anhaftungen zu lösen und konsequent den geistigen Weg zu gehen.

Ganesha

Herkunft: Asien.

Symbole: Größter Glücksbuddha Asiens. Gott der Weisheit und Klugheit. Gott der Kaufleute.

Bedeutungen als Talisman oder Amulett: Glücksamulett für jeden Neubeginn. Hilft alle Hindernisse zu überwinden. Hilft bei Wunscherfüllung.

Shiva

Herkunft: Indien.
Symbole: Gott der Zerstörung und Schöpfung, zugleich Zerstörer und Erneuerer. Shiva wird auch der »Gott der Götter« genannt.
Bedeutungen als Talisman oder Amulett: Unterstützt uns dabei, unsere negativen Charaktereigenschaften zu überwinden, hilft Disziplin für spirituelle Praxis aufzubringen.

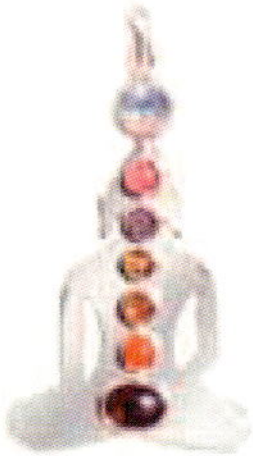

Chakra - Amulett

Herkunft: Indien.
Symbole: Die feinstofflichen Energiezentren des Menschen (nach der indischen Heilkunde). Sieben Energiezentren, die zur Aufnahme und Weitergabe der feinstofflichen Energien des Körpers dienen.
Bedeutungen als Talisman oder Amulett: Hilft die Schwingungsenergie aller Chakren zu stimulieren und zu stärken. Zur Harmonie und zum inneren Gleichgewicht.

Wurzelchakra/Basischakra/Muladhara

Symbole: Das Wurzelchakra (indisch: Muladhara) befindet sich ganz unten am Rückgrat/Steißbein.
Bedeutungen als Talisman oder Amulett: Unterstützt die Erdung und die materiellen Aspekte des Lebens. Steht für Standfestigkeit, Energie und Vitalität. Zur Stärkung des körperlichen Bewußtseins.

Sakral/Sexualchakra/Svaditshana

Symbole: Das Sakralchakra (indisch: Svaditshana), befindet sich im unteren Teil des Abdoments, ungefähr zwei Zoll unterhalb des Nabels.

Bedeutungen als Talisman oder Amulett: Fördert die Sexualität und Kreativität, stärkt die Gefühle von Freude, Wohlergehen, Vitalität und Fülle. Es verbindet den Träger mit seiner inneren Kraft.

Nabelchakra/Solaplexuschakra/Manipura

Symbole: Das Nabelchakra (indisch: Manipura) wird auch Solarplexuschakra genannt und befindet sich im oberen Teil des Abdoments im Bereich des Magens.

Bedeutungen als Talisman oder Amulett: Zur Harmonisierung der Gefühle, zur Stärkung des Selbstwertes und Selbstbewußtseins und zur Verminderung von Ängsten. Es verhilft zur eigenen inneren Kraft und löst den Widerspruch zwischen Verstand und Intuition. Zur Verwirklichung unserer Lebenswünsche.

Herzchakra/Anahata

Symbole: Das Herzchakra (indisch: Anahata) befindet sich in der Brustmitte, ein Stück über dem Herzen.

Bedeutungen als Talisman oder Amulett: Fördert die innere Ruhe und Konzentration. Zur Stärkung der geistigen und allumfassenden Liebe, der Liebe zu sich selbst und zu allen Wesen.

Kehlchakra/Halschakra/ Vishudda

Symbole: Das Kehlchakra (indisch Vishuddha) befindet sich an der Kehle bzw. am Hals.

Bedeutungen als Talisman oder Amulett: Zur Stärkung der Kommunikationsfähigkeit. Zum besseren Ausdruck der Gefühle und Gedanken. Es steht auch für die Wahrhaftigkeit und Ehrlichkeit. Es stärkt die Verbindung zwischen Kopf und Herzen und gibt der Seele Ausdruck. Unverdauliches und Blockiertes kann durch die Sprache wieder aktiviert werden.

Stirnchakra/drittes Auge/Ajna

Symbole: Das Stirnchakra (indisch: Ajna) hat seinen Sitz auf der Stirn, auf der Stelle über und zwischen den Augenbrauen.

Bedeutungen als Talisman oder Amulett: Zur Unterstützung der Meditation und höherer Erkenntnis, Klarheit und Weisheit. Es unterstützt das Gleichgewicht vom rationellem Denken zu unserem höheren intuitiven Wissen. Es verbindet den Träger mit der eigenen inneren Quelle und der inneren Kraft.

Kronenchakra/Scheitelchakra/Sahasrara

Symbole: Das Kronenchakra (indisch: Sahasrara) befindet sich auf der höchsten Stelle des Kopfes, in der Mitte des Schädels.

Bedeutungen als Talisman oder Amulett: Es stärkt die Verbindung zu höheren Ebenen und zur göttlichen Einheit. Es unterstützt die Überwindung des Egos und gibt Frieden und Einheit mit den höchsten Geschöpfen und dem Universum. Es ist die Lichtpforte zur Alliebe und zum Göttlichen.

Index

Blockaden lösen	Eiwaz
Böser Blick (gegen)	Böser Blick, Bannamulett der Zigeuner, Pfeilspitze
Chancen nutzen	Knoten von Tomatin,
Charme	Tiger, Pferd
Charakterstärke	Axt und Doppelaxt, Einhorn, Büffel, Shiva
Depression	Cherubin, Senshin
dichterische Fähigkeiten	Mondamulett, Hathor
Diplomatie	Waage, Rabe
Direktheit	Schütze
Diskretion	Odinsmaske
Disziplin	Steinbock
Durchsetzung	Nordische Schwerter, Pegasus, Cerunnos
Durchhaltevermögen	Ambrosius Kreuz, Hop Tu Naa Schlange
Dynamik	Irminsul
Edelmut	Axt und Doppelaxt, Chinesischer Drache
Ehrgeiz	Drachen, Schlange
Ehrlichkeit	Glückshand, Thor, Drache, Hund, Widder, Schütze
Eigenständigkeit	Walisischer Drachen
Einfallsreichtum	Schlangen des Urnes
Einfühlungsvermögen	Vierter Pentakel der Venus
Eingebung	Frigg
Einheit, innere	Engel, Midgardschlange
Einsamkeit, gegen	Cherubin
Eifersucht, gegen	Bannamulett der Zigeuner
Eleganz	Alban Eiler, Schlange
emotionale Krisen	Kanjyo
Energiefluß	Drache und Phönix, Salomonsiegel, Marsamulett, Thorhammer, Ser Kai
Energieaufladung/ Energetisierung	Spirale, Labyrinth von Chartres, Blume des Lebens, Ankh, Anubis, Gnostiker Kreuz, Sowelu, Ingwaz, Othala, Chinesischer Drache, Qi-Energie, Wurzelchakra
Energieentladung	Spirale
Entscheidungsfähigkeit	Jupiteramulett, Spiral Göttin, Ansuz, Eiwaz, Dagaz, Sheela Na Gig,

	Lachs, Jyonetsu
Entwicklung, innere	Spiral Göttin, Mannaz
Erfolg	Keltisches Pentagramm, Jupiteramulett des Paracelsus, Pentakel des Vaters, Saturntalisman des Paracelsus, Finsternis Amulett, Sonnenamulett, Fünfter Pentakel des Jupiter, Reichtum Amulett, Geschäftsamulett, Magischer Kreis Magisches Sechseck, Bannamulett der Zigeuner, Spiral Göttin, Sonnenrad, Uroberus, Drachen, Keltisches Kreuz, Cuchulainn Hund, Chinesische Glücksmünze, Koreanische Glücksmünze, Ganesha
Erfüllung	Wasserdrache
Erneuerung	Labyrinth von Amiens, Schlangenschild, Heulsaf Y Gaeaf
Erotik	siehe Sexualität
Fähigkeiten entwickeln	Talisen Knoten, Lugh Knoten
Familienglück	Königinpentakel, Krebs
Feigheit, gegen	Pferdeknoten
Feinfühligkeit	Krebs
Fleiß	Büffel, Hahn, Jungfrau
Flexibilität	Rabe
Flüche (gegen)	Bannamulett, Bannamulett der Zigeuner
Fortschritt	Mannaz, Triskell
Freiheit	Nordische Schwerter, Walisischer Drachen, Schütze, Wassermann, Adler, Bär, Delphin
Frauenstärke/ -Kraft	Gaia, Inanna
Freundschaft	Jupiteramulett des Paracelsus, Heptagramm, Sonnenamulett, Sonnentalisman des Paracelsus, Cleopatras Liebeskartusche, Twist Ansuz, Gebo, Wunjo, Jera Venustalisman,Venusamulett, Mayar Kreuz, Keltischer Knoten, Yin Yang, Koreanische Glücksmünze, Schütze, Specht, Rabe, Otter
Freude	Erzengel Michael, Hathor, Wunjo, Elfe, Wolf, Sakralchakra
Frieden, Friedfertigkeit	Antoniuskreuz, Salomonsiegel

	Inanna, Koru-Spirale, Hei Matau, Freyr, Chinesischer Drache, Eule, Schlange, Waage, Seepferd, Shri Yantra, Kronenchakra
Frieden, mit sich selbst	Drei Nornen, Triskell, Eule, Ziege,
Frohsinn	Loki, Wunjo, Clackmannan Kreuz
Fruchtbarkeit	Spiralgöttin, Mondgöttin, Schlange, Mondphasen, Inanna, Venus, Venus von Willendorf, Spirale Ankh, Horus, Wadjet, Freyr, Fehu Berkana, Ingwaz, Brid Kreuzknoten, Cerunnos, Grüner Mann, Keltisches Hundeamulett, Beltane, Kokopelli,
Führung	Wal
Führungsqualität	Keltischer Drache
Fülle im Leben	Spiralgöttin, Fehu, Sakralchakra
Furchtlosigkeit	Schutzhand, St.Columba Kreuz St.George Kreuz, Drache
Ganzheit von Körper/Geist	KeltischerBaum
Geburt	Sheela Na Gig
Geduld	Raidoh, Isa, Alban Elfed, Keyne, Büffel, Hase, Biber, Schlange Eule, Falke
Geistesgegenwart	Schuriken
Gefühle, eigene leben	Naturgöttin, Inanna, Isis, Krebs, Schneegans, Ren-Ai
Geldfluß	siehe Reichtum
Geist, klarer	Sonnenamulett, Magisches Sechseck, Horusauge, Tiki, Keltisches Kreuz, Talisen Knoten Battersea Schild, Jungfrau, Om, Buddha
Geisteskraft	Mondpentagramm, Axt und Doppelaxt, Drachen, Luftdrache, Pegasus, Keltisches Kreuz Talisen Knoten, Keltischer Seeadler, Samhain
Geistiger Weg	Amida, Buddha
Geiz, gegen	Erzengel Gabriel
Gelingen, gutes	Freyr
Gemeinschaftssinn	Wolf, Wal
Gerechtigkeit	Nordische Schwerter, Axt und Doppelaxt, Teiwaz, Affe,

	Schlange
Gesang	Hathor
Geschicklichkeit	Schlangen des Urnes, Ziege
Geselligkeit	Hase, Schneegans
Gesundheit, körperliche	Caduceus, Tumi, Erzengel Gabri el, Universalamulett, Sonnen-amulett, Astrophos, Naturgöttin, Labyrinth von Chatres, Blume des Lebens, Horusauge, Horus, Iduna, Uruz, Thurisaz, Kenaz, Sowelu, Chinesischer Drache, Keltisches Kreuz, Keltisches Radkreuz, Clackmannan Kreuz, Vier Jahres-zeiten Knoten, Cliodhnas Vögel, Shou, Fünf Segen, Chinesische Glücksmünze, Medizinmann, Medizinrad, Choku Rei
Gesundheit, geistige	Caduceus, Blume des Lebens, Horusauge, Horus, Uruz, Königlicher ägyptischer Geier, Irminsul, Thurisaz, Ai
Gewandtheit	Loki
Glaube, stärkend	Erzengel Michael, Cherubin,
Glück, allgemein	Abraxas, Glückshand, Bast Jupiteramulett, Glückspentakel, Astrophos, Skarabäus, Fehu, Wunjo, Sowelu, Erddrache, Was serdrache, Chinesischer Drache, Vier Himmelsrichtungen Knoten, Keyne, Shou, Fünf Segen, Chinesische Glücksmünze, Acht Trigramme, Delphin, Thunderbird, Kokopelli, Rad der Gerechtigkeit, Shri Yantra, Ganesha
Glück im Spiel	Jupiteramulett, Keltisches Radkreuz, Fledermaus
Gleichgewicht, inneres	Hagalaz, Medizinrad, Buddha, Chakras
göttl. Führung/Verbindung	Tetragramm, Spiral Göttin, Ansuz, Lin Geist, Adler, Büffelschädel, Amashi, Om, Kali Yantra, Buddha,

	Kronenchakra
göttliche Kraft	Blume des Lebens, Ankh, Ansuz, Dagaz, Om
göttliche Liebe (Alliebe)	Innerlicher Friede, Ai Liebe
Güte im Herzen	Einhorn
Grazie	Alban Eiler, Hirsch
Großzügigkeit	Tiger, Drache, Löwe, Lachs
Handeln, impulsiv	Thor, Dagaz
Harmonie	Innerlicher Friede, Erzengel Gabriel, Eheamulett, Laguz, Venustalisman, Koru-Spirale, Auge des Eisdrachen, Ai Liebe Knoten von Tomatin, Pferdeknoten, Göttin der Dreieinigkeit, Alban Eiler, Yin Yang, Ren-Ai, Shri Yantra, Chakra
Harmonisierung	Blume des Lebens, Pferdeknoten, Ren-Ai
Hartnäckigkeit	Skorpion
häuslicher Friede	Frigg
Haß, gegen	Erzengel Gabriel
Heilkräfte allgemein	Caduceus, Äsculapstab, Tumi, Engel, Marsamulett, Iduna Horusauge, Sowelu, Einhorn Keltischer Baum, Schlangenschild, Keltisches Hundeamulett, Mourie, Braunbär, Medizinmann, Medizinrad, Shri Yantra
Heiler/in, Kraft des/der Göttin	Horusauge
Heiterkeit	Clackmannan Kreuz
hellseherische Begabung	Prognostikon, Myrddin Stab, Drachen der Wyrd
Herzlichkeit	Affe,
Hexen Rituale/magische	Schatten-Pentagramm, Planeten Pentagramm Salomonsiegel, Geheimcode des Cagliostro, Septakel/Septagramm, Athame, Hexenauge, Mondpentagramm, Isis, Freya, Kenaz, Keltischer Knoten, Gaelach, Sidhe
Humor	Hund, Widder
Hexerei, gegen	Pentagramm, Isis
Hilfsbereitschaft	Drache, Pferd, Affe, Krebs, Lachs
Hochzeitswunsch fördern	Königinpentakel

Hoffnung	Cherubin
Impulsivität	Schütze
Inspiration	siehe Kreativität
Individualität	Wassermann
Intellekt/Intelligenz	Erzengel Gabriel, Merkuramulett, Merkuramulett des Paracelsus, Merkurtalisman, Ratte, Highlandschwert, Stier, Delphin, Odinsmaske, Zhi Weisheit, Rabe, Schlange, Hirsch
Intuition, stärkend	Stein aus Susa, Schutzengel, Mondamulett, Prognostikon, Magischer Kreis, Isis, Viertel Pentakel der Venus, Rosenkreuz Göttin, Frigg, Monddrache, Ziege, Fünfter Pentakel des Jupiter, Wikingerschwert, Luftdrache, Keltisches Kreuz, Keltischer Knoten, Sheela Na Gig, Chalice-Brunnen, Gaelach, Sidhe, Lughnasagh, Zhi Weisheit, Schlange, Pferd, Medizinmann, Stirnchakra
Jagd	Keltisches Hundeamulett
Jenseitsverbindung	Prognostikon
Jugendlichkeit	Iduna
Kampf	Keltisches Hundeamulett
Klarheit	Lilie, Falke, Biber, Lachs, Jyonetsu, Stirnchakra
Klugheit	Thor, Uroberus, Hase
Kraft bringend	Hand der Fatima, Glückshand, Cherubin, Marsamulett des Paracelsus, Pentakel des Vaters, Universalamulett, Saturntalisman des Paracelsus, Sonnentalisman, Magisches Sechseck, Inanna, Djed-Pfeiler, Thor, Gnostiker Kreuz, Highlandschwert, Irminsul, Wikingerheld, Ingwaz, Isa, Raidoh, Hagalaz, Feuerdrache, Chinesischer Drache, St.George Kreuz, Taranis Knoten, Cerunnos, Cuchulainn Hund, Alban Elfed, Löwe, Braunbär, Elefant, Wolf, Adler, Sakralchakra,

Kraftfluß	Göttin, Inanna, Cerunnos, Choku Rei
Kommunikation	Luftdrache, Waage, Schlange, Schneegans, Kehlchakra
Können	Kenaz
Kontakt zu geist. Sphären	Engel
Kontaktfähigkeit	Viertel Pentakel der Venus, Stier, Hirsch
Konzentration	Versiersiegel, Merkuramulett, Labyrinth, Nordstern, Ingwaz, Othala, Steinbock
Konflikte lösen	Lilie
Konflikte in Partnerschaft	Keltisches Liebespaar
Krankheit	siehe Gesundheit
Krankheit, Kräftigung	Labyrinth von Chatres, Iduna
Kreativität/Inspiration	Versiersiegel, Prognostikon, Venus, Kenaz, Runenstern pentagramm, Feuerdrache, Luftdrache, Keltisches Kreuz, Robin Hood Kreuz, Kreis von Brighid, Trudenkreuz, Stonhenge, Cwn Annan, Lughnasagh, Ratte, Sakralchakra, Fische
Kühnheit	St.George Kreuz, Affe, Hahn,
Kundalinikraft	Caduceus
künstlerische Fähigkeiten	Mondamulett, Venus, Hathor, Wayland Knoten, Imbolc, Lughnasagh, Specht
Langlebigkeit	Drache und Phönix, Tumi, Naturgöttin, Keltisches Kreuz, Clackmannan Kreuz, Shou, Fünf Segen, Schildkröte, Rad der Gerechtigkeit,
Lebenskraft	Tumi, Erzengel Michael Salomonsiegel, Mondphasen, Sonnentalisman, Spiral Göttin, Mondgöttin, Horusauge, Venus von Willendorf, Ankh, Osiris, Horus, Anubis, Skarabäus, Algiz, Keltisches Kreuz, Brid Kreuzknoten, Cerunnus, Alban Elfed
Lebensfreude/-lust	Sonnenamulett, Magisches Sechseck, Inanna, Kenaz, Elfen,

	Keltisches Kreuz, Drachen der Wyrd, Samhain,
magische Rituale	siehe Hexenrituale, Isis, Samhain, Keltisches Radkreuz
mediale Fähigkeiten	Mondamulett, Berkana, Sidhe,
Meditation, unterstützt	Labyrinth, Labyrinth von Amiens, Ingwaz, Ai Liebe, Stirnchakra
Menschlichkeit	Mannaz, Otter
Mitgefühl	Robin Hood Kreuz, Krebs, Buddha, Amida
musische Kräfte, Musikalität	Mondamulett, Hathor, Kokopelli,
Mut	Skarabäus, Wikingerheld, Kenaz, Hagalaz, Teiwaz, Einhorn, Buddha, St.Columba Kreuz, Hahn, Hund, St.George Kreuz, Arankreuz, Taranis Knoten, Pferdeknoten, Boudica, Tiger, Löwe, Skorpion, Specht, Braunbär, Rabe, Bär
Motivation	Pegasus
Nachsicht	Buddha
Naturverbundenheit/-kräfte	Raith Gras Kreuz, Kreuz von Moen, Mourie, Heisei
Negativität, bewahrt vor	Wadjet, Thurisaz, Ansuz
Neid, (gegen)	Böser Blick
Neubeginn	Koru-Spirale, Circle, Teiwaz, Berkana, Ingwaz, Twr Tewdws, Heulsaf Y Gaeaf,
Offenheit	Glückshand, Pferd, Lachs, Braunbär
Ordnung herstellen	Osiris, Nordische Schwerter
Originalität	Wassermann, Otter
Optimismus	Ansuz, Triskell, Heulsaf Yr Haf, Tiger, Drache, Affe, Schütze, Falke, Hirsch, Otter, Senshin
Partnerschaft	Yin Yang, Schneegans, Ren-Ai
Partner finden/zurückbringen	Laguz, Liebestalisman, Königinpentakel, Amulett der Zwillingsseele, Liebespentakel, Blume der Aphrodite, Liebesbote, Venustalisman, Venusamulett
Persönlichkeit, stärkend	Vier Erzengel, Isa, Chinesischer Drache
Problemlösung	Kenaz, Sowelu

Prüfungen bestehen	Laguz
Realitätsbewußtsein	Mezameh
Regeneration	Blume des Lebens, Ankh, Horusauge,
Reinheit / Reinigung, innere	Lilie, Blume des Lebens, Raidoh, Rabenbrosche, Imbolc, Heulsaf Y Gaeaf, Jyonetsu
Reichtum	Sonnenamulett, Sonnentalisman des Paracelsus, Reichtum Amulett, Geschäftsamulett, Magischer Kreis, Venus von Willendorf, Skarabäus, Sonnenrad, Fehu, Laguz, Erdddrache, Keltisches Kreuz, Cerunnos, Heulsaf Yr Haf, Fünf Segen, Chinesische Glücksmünze, Acht Trigramme, Xi Reichtum, Büffelschädel
Reifung	Ingwaz
Ruhe	Gaia, Labyrinth von Reims, Ingwaz, Keltisches Seepferd, Büffel, Wal
Sanftmut	Einhorn, Seepferd
Scharfsinn	Talisen Knoten, Schlange
Schicksal, glückliches	Chinesische Glücksmünze
Schicksalsanerkennung, -fügung	Drei Nornen, Rabenbrosche
Schlaf, ruhiger	Bannamulett
Schlagfertigkeit	Ratte
Schläue	Thor Wolfskreuz, Odinsmaske, Ratte
Schmerzlinderung	Erzengel Raphael
Schönheit	Heptagramm, Venus, Imbolc, Venustalisman, Mayar Kreuz, Cliodhnas Vögel, Rad der Gerechtigkeit
Schönheit, innere	Cleopatras Liebeskartusche, Imbolc
Schöpf. Begabung/Kraft	Kenaz, Erddrache, Pegasus
Schutzamulett, allgemein	Glückshand, Schutzhand, Teufelsfalle, Stein von Susa, Schutzsiegel der Erzengel, Erzengel Michael, Schutzengel, Agrippa Pentagramm, Wal, Pentagramm, Septakel/Septa-

	gramm, Labyrinth von Chartres, Isis, Horus, Skarabäus, Thorhammer, Odins Schwert, Axt und Doppelaxt, Irminsul, Gebo, Elfen, Einhorn, Keltisches Kreuz, Vier Jahreszeiten Knoten, Unendlicher Knoten, Trudenkreuz, Keltisches Katzenamulett, Schlangenschild, Bao Schutz, Thunderbird, Choku Rei
Schutz aller weibl. Wesen	Hathor, Isis
Schutz vor Ängsten	Hand der Fatima
Schutz der Ehe	Erzengel Raphael
Schutz vor Feinden	Wadjet, Thorhammer, Pfeilspitze
Schutz für die Familie	Othala, Keltisches Katzenamulett, Pfeilspitze
Schutz vor Gefahren	Heptagramm, Mumienmedaillon Thorhammer, Schuriken, Shri Yantra
Schutz vor Geistern/Wesen	Schutzengel, Pentagramm, Bannamulett, Labyrinth von Chartres, Thorhammer, Unendlicher Knoten, Acht Trigramme
Schutz gegen Krankheiten	Mondtalisman des Pythagoras, Ankh, Horusauge, Odins Schwert, Algiz, Brid Kreuzknoten, Pfeilspitze, Medizinmann
Schutz, magischer	Böser Blick, Abraxas, Kreuz der Tuareg, Isis
(gegen magische Angriffe)	Versiersiegel, Agrippa Pentagramm Pentagramm, Tetragramm, Salomonsiegel, Bannamulett, Hexenauge, Mondpentagramm, Labyrinth von Chartres, Thorhammer, Kenaz, Gebo, Dagaz, Keltisches Radkreuz, Shri Yantra
Schutz vor negativen Kräften	Kreuz der Tuareg, Teufelsfalle, Erzengel Gabriel, Skarabäus, Triskell, Battersea Schild, Acht Trigramme, Fledermaus, Rad der Gerechtigkeit, Phurba
Schutz vor teufl. Mächten	Erzengel Michael, Pentagramm, Salomonsiegel, Isis
Schutz vor Unglück	Hand der Fatima, Kreuz der

	Tuareg, Teufelsfalle, Schutzamulett, Universalamulett, Odins Schwert, Brid Kreuzknoten, Pferdeknoten, Pfeilspitze, Elefant, Shri Yantra
Schutz des Ungeborenen	Gaelach
Schutz auf Reisen	Reiseamulett, Erzengel Raphael Schutzamulett, Mondtalisman des Pythagoras, Hei Matau, Wikinger schiff, Odins Schwert, Raidoh
Schwangerschaft, Schutz	Salomonsiegel
Schwangerschaft, Wachstum	Mondgöttin
Selbstbeherrschung	Keltisches Radkreuz
Selbstbewußtsein	Vier Erzengel, Agrippa Pentagramm, Salomonsiegel, Schütze, Sonnenamulett, Sonnentalisman, Magisches Sechseck, Isa, Lendalfoot Kreuz, Heulsaf Yr Hay, Löwe, Braunbär, Bärentatze
Selbsterkenntnis	Kosmogramm, Cwn Annan
Selbstfindung, innere	Labyrinth, Labyrinth von Amiens, Labyrinth von Kreta, Lin Geist Kosmogramm, Cwn Annan
Selbstlosigkeit	St. George Kreuz, Fische
Selbstvertrauen	Pentakel des Vaters, Kreis von Brighid, St. George Kreuz, Arankreuz, Cerunnos, Hund, Widder, Löwe
Seelenreisen	Labyrinth, Labyrinth von Amiens
Sensibilität	Hase, Schlange
Seelenkraft/-heilung	Frigg, Irminsul, Keltischer Seeadler
Selbstwert aktivierend	Hand der Fatima, Magisches Sechseck
Selbständigkeit	Falke
Sensibilität	Fische, Schildkröte
Sexualität, eigene	Göttin, Mondgöttin, Inanna, Venus, Freya, Ingwaz, Feuerdrache, Monddrache, Grüner Mann, Wolf, Sidellu Gwynder, Schlange, Beltane, Lachs, Sakralchakra
sexuelles Erwachen	Spiral Göttin, Inanna, Freya, Grüner Mann, Gaelach, Beltane
Sexualität erwecken	Blume der Aphrodite, Beltane,

Tatkraft	Nordische Schwerter, Highlandschwert, Axt und Doppelaxt Wikingerschwert, Specht
tatenloses Handeln	St. George Kreuz
Talent entwickeln	Talisen Knoten, Lugh Knoten
Temperament	Drachen,
Tod (Übergang)	Sheela Na Gig, Rabenbrosche
Tor zur Anderswelt	Chalice-Brunnen, Sidhe
Trägheit, gegen	Erzengel Barachiel, Nordische Schwerter
Transformation/Wandlung	Osiris, Uroberus, Irminsul, Teiwaz, Triskell, Fintans Lachs, Rabenbrosche, Schlange
Transformation von Bösem ins Gute	Königlicher ägyptischer Geier
Transformation, magische	Rosenkreuz
Transformation, spirituell	Eiwaz, Triskell, Schlange, Jyonetsu
Traumata, gegen	Kanjyo
Träume, schlechte	Pentakel des Vaters, Bannamulett
Träume verwirklichen	Triskilian
Trauer	Cherubin, Uruz
Treue	Gaia, Eheamulett, Thor, Frigg, Laguz, Fiana Keltenkreuz, Hund, Wassermann; Specht, Wolf
Tugend	Rosen Pentagramm, Salomonsiegel- Drachenkrieger
Überfluß	Venus von Willendorf, Sonnenrad, Büffelschädel
übernatürliche Fähigkeiten	siehe auch magische Fähigkeiten, Wayland Knoten, Hop Tu Naa
Überwindungskraft	St. George Kreuz
Unabhängigkeit	Berkana, Walisischer Drachen, Ratte, Ziege, Affe, Hund, Widder, Wassermann
Unbesiegbarkeit	Jötun Schwert
Unerschrockenheit	Wikingerheld, Löwe
Unerschütterlichkeit	Drachenkrieger
Ungeduld, gegen	Erzengel Gabriel
Unglück, bewahrt vor	Salomonsiegel, Wikingerschiff
Unschuld	Imbolc
Unsicherheit	Agrippa Pentagramm
Unterdrückung, gegen	Schutzhand

Unterbewußte Kräfte	Midgardschlange, Keltischer Knoten
Unterbewußtsein Verbindung zum	Mondamulett, Prognostikon, Keltischer Knoten
Unverletzbarkeit	Horus
Urkraft	Ankh
Urteilsvermögen	Osiris
Ursprünglichkeit	Venus von Willendorf
Unwiderstehlichkeit	Runenamulett
Vegetative Kräfte	Geist der Bäume
Veränderungen im Leben	Jera, Dagaz, Taranis Knoten, Drei Welten Knoten, Mitsu Domo
Verantwortungsbewußtsein	Steinbock
Vergangenheitsmuster ablösen	Kanjyo
Vergebungsbereitschaft	Glückshand
Vergeistigung	Vier Erzengel
Verschwiegenheit	Rosen Pentagramm, Frigg Odinsmaske
Verschwendung, gegen	Reichtum Amulett
Verstand	Vier Erzengel, Erzengel Gabriel, Wolf
Vertrauen stärken	Sheela Na Gig
Verständnis	Eheamulett, Laguz, Venustalisman-
Verfluchung, gegen	Agrippa Pentagramm
Veränderungen, positive	Finsternis Amulett, Axt und Doppelaxt, Keltisches Radkreuz, Heulsaf Y Gaeaf
Vereinigung, körperliche	Beltane
Verhexung	Agrippa Pentagramm
Verschwiegenheit	Steinbock
Versöhnung	Raidoh
Verwünschungen (gegen)	Böser Blick, Kreuz der Tuareg, Bannamulett
Vielseitigkeit	Talisen Knoten, Lugh Knoten
Visionssuche	Gaelach, Schneegans
Vitalität	Thor Wolfskreuz, Cliodhnas Vögel, Delphin, Wurzelchakra, Sakralchakra
Vollkommenheit	Antoniuskreuz, Horusauge, Kali Yantra
Vollkommenheit der Natur	Baphomet
Wachstum, allgemein	Freyr, Ingwaz, Brid Kreuzknoten, Drei Welten Knoten

Wachstum, inneres	Engel, Spiralgöttin, Mondphasen, Koru-Spirale, Keltischer Baum
Wahrheit, Wahrhaftigkeit	Jötun Schwert, Odin, Buddha, Fiana Keltenkreuz, Skorpion,
weibliche Visionssuche	Freya, Gaelach
Weiblichkeit, eigene	Göttin, Mondgöttin, Inanna, Mondphasen, Bast
Weibliche Fruchtbarkeit	Keltisches Hundeamulett
Weisheit	Merkurtalisman, Wadjet, Einhorn, Ambrosius Kreuz, Triskell, Keltischer Baum, Delphin Schlangenschild, Keltischer Drache, Keyne, Zhi Weisheit, Hirsch, Eule, Shri Yantra Amida, Stirnchakra
Weitsicht	Falke, Rabe, Eule, Schildkröte
Wiedergeburt, Wiederkehr	Ankh, Osiris, Uroberus, Midgardschlange, Keltischer Seeadler, Rabenbrosche, Isa,
Willensstärke	Keltisches Pentagramm, Inanna, Hei Matau, Highlandschwert, Wikingerschwert, Löwe, Steinbock, Buddha
Wissen, verborgenes, höheres	Tetragramm, Salomonsiegel, Shinko, Stirnchakra
Wissenssuche	Odin, Hahn, Eule
Witz	Loki, Ratte, Stier
Wohlbefinden	Astrophos, Gnom, Koreanische Glücksmünze
Wohlstand	Drache und Phönix, Reichtum Amulett, Hei Matau, Teiwaz, Sonnenrad, Fehu
Würde	Axt und Doppelaxt, Alban Elfed
Wunder bewirken	Fintans Lachs
Wunscherfüllung	Geheimcode des Cagliostro, Athame, Isis, Gnom, Delphin, Fledermaus, Ganesha
Wunschpartner	Amorengel
Zähigkeit	Boudica, Ratte, Lachs
Zärtlichkeit	Schlange
Ziele verwirklichen	Pentagramm, Athame, Trefot, Elvinamulett, Nordstern, Teiwaz, Drachen, Cuchulainn

	Hund, Sidellu Gwynder, Twr Tewdws, Schütze,Hop Tu Naa,
Zügellosigkeit	Freya
Zufriedenheit	Glückspentakel, Sonnenamulett
Zuneigung	Cleopatras Liebeskartusche,
Zusammenhalt	Hagalaz
Zuversicht	Sonnentalisman, Senshin
Zuverlässigkeit	Thor, Jungfrau, Wassermann
Zorn, gegen	Erzengel Uriel
Zwist	Uruz

Index alphabetisch

Die meisten der in diesem Buch abgebildeten Amulette, finden Sie in Ihrem Esoterik- Fachbuchhandel.

Oder Sie bestellen sie in der
Schirner Buchhandlung
Elisabethenstr. 20–22
64283 Darmstadt

Tel.: 06151/29 39 39
Fax.: 06151/23 7 12
E-mail: buchhandlung@schirner.com